U0598853

外事干部学习培训教材

外事管理

王春英◎著

 世界知识 出版社

图书在版编目（CIP）数据

外事管理／王春英著．--北京：世界知识出版社，
2024.12. --（外事干部学习培训教材）. --ISBN 978
-7-5012-6969-3

Ⅰ. D821

中国国家版本馆 CIP 数据核字第 2024F1C031 号

责任编辑	刘豫徽
责任出版	李 斌
责任校对	张 琨

书　　名	外事管理 Waishi Guanli
作　　者	王春英

出版发行	世界知识出版社
地址邮编	北京市东城区干面胡同 51 号 （100010）
经　　销	新华书店
网　　址	www. ishizhi. cn
电　　话	010-65233645 （市场部）
印　　刷	北京虎彩文化传播有限公司
开本印张	880 毫米×1230 毫米　1/32　7½印张
字　　数	127 千字
版次印次	2024 年 12 月第一版　2024 年 12 月第一次印刷
标准书号	ISBN 978-7-5012-6969-3
定　　价	68.00 元

本书获"外交学院研究生重点规划教材"出版资助，特致谢忱！

前　言

　　外事是相对于内事而言的，有了国家，就有了内政，也就有了对外交往，即外事。与内政一样，国家也需要对外事进行有效的管理，外事管理应运而生。外事管理的历史悠久，世界上文明古国都有很多有关对外交往及外事管理的记载。中国是一个文明古国，在几千年的发展中，有丰富的对外交往实践，在此基础上积累了丰富的外事管理经验，形成了具有特色的外事管理理论和规范，在今天仍然具有指导意义。

　　1949 年中华人民共和国成立，中国的对外交往进入一个崭新的历史阶段。在中国共产党领导下，中国经济社会不断发展，国际地位和国际影响力日益增强，中国同国际社会的交往日益频繁，涉外事务和外事管理已渗透到社会生活的方方面面，除了外交部代表国家进行对外交往外，政党、人大、政协、军队、地方、民间都在一定层面上进行对外交往，形成了全方位、多层次、宽领域的对外交往格局。在促进国家现代化建设，维护国家主权、安全、发展利益方面发挥着十分重要的作用。

2012 年，中国共产党第十八次代表大会召开，中国特色社会主义进入新时代。正如习近平总书记所指出的那样："我国已经进入了实现中华民族伟大复兴的关键阶段。中国与世界的关系在发生深刻变化，我国同国际社会的互联互动也已变得空前紧密，我国对世界的依靠、对国际事务的参与在不断加深，世界对我国的依靠、对我国的影响也在不断加深。"中国的发展离不开世界，世界的繁荣也离不开中国，随着中国日益走近世界舞台中央，中国同各国之间的交往日益频繁，截至 2024 年 9 月，中国与世界上 183 个国家建立了外交关系；截至 2024 年 8 月，我国有 31 个省、自治区、直辖市（不包括台湾省及港、澳特别行政区）和 539 个城市与五大洲 147 个国家的 600 个省（州、县、大区、道等）和 1 857 个城市建立了 3 028 对友好城市（省、州）关系。人员往来更是频繁，2023 年，全国移民管理机构全年累计查验出入境人员 4.24 亿人次，其中内地居民 2.06 亿人次、港澳台居民 1.83 亿人次、外国人 3 547.8 万人次。在国与国之间相互依存度日益紧密，世界各国之间的交流与合作日益增多的时代背景下，外事工作的重要性凸显，成为党和国家的一项重要工作。党的十九大以来，面对国际局势急剧变化，在以习近平同志为核心的党中央正确领导下，外事工作锐意进取，不断创新，在配合中国特色大国外交、支持高水平对外开放、服务地方经济社会发展等方面取得了丰硕成果，为维护国家主权、安全、发展利益，服务国内改革发展大局，作出了卓越贡献。

党的二十大报告指出：当前，世界之变、时代之变、历史之变正以前所未有的方式展开，和平赤字、发展赤字、安全赤字、治理赤字加重，人类社会面临前所未有的挑战。为应对挑战，2023 年 11 月 27 日，中共中央政治局召开会议，审议《中国共产党领导外事工作条例》。条例对党领导外事工作作出规定，把党长期以来领导外事工作的思路理念、体制机制和成功实践转化为制度成果，对于确保党中央对外大政方针和战略部署得到有力贯彻执行具有重要意义。

2023 年 12 月 27—28 日召开的中央外事工作会议指出：新征程上，中国特色大国外交将进入一个可以更有作为的新阶段。当前，世界百年未有之大变局加速演进，世界进入新的动荡变革期。站在新的历史起点上，展望党中央擘画的以中国式现代化全面推进中华民族伟大复兴、推动构建人类命运共同体的宏伟目标，外事管理任重而道远，大有可为，大有作为。外事工作肩负着配合国家总体外交战略、推动开放发展、讲好中国故事的重要使命。作为一项政策性强、专业性高的工作，必须以习近平外交思想为指导，自觉坚持党的集中统一领导，在大是大非面前必须做到坚持原则；在促进和平发展上必须体现大国担当；在制定战略策略时必须树立系统观念；在理论实践发展中必须坚持守正创新；在应对风险挑战时必须发扬斗争精神；在加强统筹协调时必须发挥制度优势。

2024 年 4 月 10—11 日，全国地方外事工作会议在北京召开。中共中央政治局委员兼外交部长王毅在会议上强调：新征程上，地方外事工作要深刻领悟"两个确立"的决定性意义，坚决做到"两个维护"，加强统筹协调，发挥地方优势，积极主动作为，严守纪律规矩，以高质量发展开创地方外事工作新局面，为强国建设、民族复兴伟业作出新贡献。因此，外事管理要紧紧围绕党和国家中心任务，以高度的责任感和使命感，以主动的历史担当和创新精神，全力配合中国特色大国外交，更好地统筹国内国外两个大局，坚定维护国家主权、安全、发展利益，推动构建人类命运共同体，把我国国际影响力、感召力、塑造力提升到新高度，为以中国式现代化全面推进强国建设、民族复兴伟业营造更有利国际环境、提供更坚实战略支撑。

目　录

第七章　外事管理实践创新

第一章　外事管理概述

外事在国家政治、经济、文化、军事等各个领域中都占有重要的地位。在人类历史上的各个阶段都产生了一些独特的、带有时代烙印的对外交往方式，有些方式至今仍在影响着人类社会生活。在全球化、信息化的今天，外事的重要性进一步提升。那么，什么是外事？什么是外事管理？这是外事工作者必须把握和准确理解的基本概念。

第一节　外交、外事与涉外事务

外交、外事、涉外事务，这是经常使用又容易混淆的概念，有必要对它们的基本含义及其关系作一辨析。而对外事的界定，是外事管理的基础。

一、什么是外交

自有国家始，就有外交活动。对外交现象进行系统研究并作出清晰的界定，却是近代民族国家兴起之后的事。

中国人使用外交这个概念已有几千年的历史，各种典籍中都有很多记载，例如《国语·晋语》："乃厚其外交而勉之，以报其德。"《礼记》："为人臣者，无外交，不敢贰君也。"《史记·邓通传》：邓通"不好外交"。《墨子·修身》："近者不亲，无务求远；亲戚不附，无务外交。"但这里的外交与现代外交的含义不同，指的是为人臣者私见诸侯或者个人之间的交际往来。古代中国把国与国之间的交往叫作外事，晚清时期也使用"外务"的概念。1901 年，清政府改组总理各国事务衙门，设立"外务部"，位列六部之首，掌管王朝的对外交往。到了民国时期，中国采用了西方的外交概念。中华民国成立后，1912 年，将清朝的外务部改组为外交部，为主管外交及其他涉外事务的最高机构。直到今天，日本仍采用外务的说法，日本的外交部叫外务省，外交部长称外务大臣。

外交的英文是 diplomacy，是从拉丁文"diploma"发展而来的，而后者的词源来自希腊语，最早是指两块折叠连接在一起的金属片做的护照和其他通牒。后来，一些非金属制成的官方文件，特别是发给驻外使节的经过折叠的一种专门证明其使节身份的文书，也被称为"diploma"。1796 年，英国学者埃德蒙·柏克正式采用"diplomacy"一词表示国际交往中谈判的技巧。从此，现代意义上的外交概念逐渐传播开来。

当时，外交更多地与谈判相提并论。外交乃是一门有关国家之间谈判的科学或艺术。外交的实质，就是通过谈判来处理国际关系。《萨道义外交实践指南》一书中列举了十九世纪欧洲学者关于外交的定义：外交"属于与外国举行公开的或书面的谈判的外交指导原则、准则、技能和惯例的知识"（施梅尔辛，1818—1820 年）；"外交是对外关系或外交事务的科学，更确切地说，是谈判的科学或艺术"（德马唐斯，1866 年）；"外交是代表国家的和谈判的科学和艺术"（里维埃，1896 年）。① 《牛津英语词典》也从谈判的视角来界定

① 赵可金：《外交学原理》，上海世纪出版股份有限公司，2011，第 4—5 页。

外交："一、通过谈判处理国际关系；二、由大使和使节们调整和处理这些关系的方法；三、外交家的业务或艺术；四、处理国际交往和谈判的技能或谈吐。"①

国家间的谈判是外交的核心内容，这种对外交的理解契合了近代欧洲外交工作的主要内容。对于近代欧洲各国的外交官而言，他们的主要工作就是谈判，谈判的结果决定着欧洲各国之间的战争与和平问题，也关系到各国的切身利益。正如有学者指出的那样："在那些年代里，外交主要侧重的就是由外交家们在国际舞台上合纵连横，游说君主，以避免损害本国的国家利益。在当时的形势下，各个国家所进行的主要外交活动就是谈判，外交家的主要本领往往也要以其驾驭谈判艺术水准的高低而论。"② 可以说，在早期，外交业务的主要内容就是谈判，外交官的主要工作就是谈判。

随着国与国之间交往的增多，外交的内涵和外延也在不断扩展。《萨道义外交实践指南》认为："外交是运用智力和机智处理各独立国家的政府之间的官方

———————

① 姜安：《外交谱系与外交逻辑》，中国社会科学出版社，2004，第4页。

② 赵可金：《外交学原理》，上海世纪出版股份有限公司，2011，第11—16页。

关系，有时也推广到独立国家和附庸国家之间的关系；或者更简单地说，是指以和平手段处理国与国之间的关系。"① 在这一定义中，外交的主体仍然是国家，强调外交的官方色彩，但和平手段的提法则扩展了外交的内涵，包括谈判手段但又不限于谈判。科兰在其《大使馆和外交官》一书中将外交定义为："一个国家为了维护和发展本国的国家利益，而以非战争的方式，与世界各国开展的政府与政府之间的交往。"② 中国的《辞海》将外交解释为："国家所实行的对外政策，由国家元首、政府首脑、外交部、外交代表机关等进行的诸如访问、谈判、交涉、发出外交文件、缔结条约、参加国际会议和国际组织等对外活动，外交是实现其对外政策的重要手段。"前副总理钱其琛主编的《世界外交大辞典》这样定义外交："国家以和平方式通过正式代表国家的行为在对外事务中行使主权以处理与他国关系，参与国际事务，是一国维护本国利益及实现对外政策的重要手段。"③

在这些学者对外交的理解中，外交的主体仍然是

① 鲁毅、黄金祺等：《外交学概论》，世界知识出版社，2004，第 2 页。
② 科兰：《大使馆和外交官》，世界知识出版社，1998，第 21 页。
③ 钱其琛主编《世界外交大辞典》，世界知识出版社，2005，第 2045 页。

主权国家，实际的执行者是代表国家的正式机构及人员，尤其是专职外交部门。外交活动是政府间，主要是中央政府间的官方交往，外交的目的是实现本国的对外政策目标或实现国家利益，外交方式从谈判为主扩展到了各种和平手段。这些对外交的定义揭示了外交的各个基本层面，反映了外交活动不断增多，外交方式不断丰富的实践。

二十世纪末，全球化迅猛发展，国家之间的交往数量迅猛增加，主体不断增多，内容不断扩展，方式不断丰富，传统的外交定义又被赋予了新的内涵，以反映外交的发展变化。英国当代著名外交学家巴斯顿在《现代外交》中对外交做了如下的界定："外交本身是国家通过正式的和非正式的代表以及其他行为者，运用通信、个别的会谈、交换观点、说服、访问、威胁和其他相关的行动来阐明、协调和维护特殊的和更广泛的利益的手段。"[①] 我国老一辈外交家黄金祺认为，外交包括"小外交"和"大外交"。前者主要指各国外交部所属的专职外交人员和机构负责处理的严格意义的外交，后者则是由其他领域和部门负责人及负责

———————

① R.P. 巴斯顿：《现代外交》，赵怀普等译，世界知识出版社，2002，第1页。

对外事务的人员所从事的广义的外交。"像议会、政党、军事、经济、文化、教育、科技、旅游和体育部门以及地方政府所进行的对外官方往来，还有属于人民外交范畴的民间往来就都属于'大外交'。"[①]

这种对外交的宽泛定义反映了当今全球化时代对外交往日益扩大的现实，但也有学者对此持反对意见。外交学院张历历教授在《外交决策》中强调传统外交中的政治性质，认为"外交是指由主权国家中央政府的元首、政府首脑及正式代表机构（外交部）的代表等进行的为保障国家安全与发展、提高国际地位，以和平方式处理和其他国家关系及参与国际事务的高层次政治活动，它是维护本国利益和贯彻对外政策的重要手段"，他特别强调："外交专指一国中央政府和外国的中央政府及由各个国家中央政府组成的国家组织之间所进行的高层次的政治活动。"[②] 因此，他反对"经济外交""军事外交""文化外交"等概念，认为应该称之为"经济对外交往""军事对外交往""文化对外交往"等。[③]

---

① 黄金祺：《外交外事知识与技能》，世界知识出版社，1999，第20页。
② 张历历：《外交决策》，世界知识出版社，2007，第43—44页。
③ 同上书，第44页。

综上所述，外交就是主权国家通过正式的外交代表机构及其人员，使用交涉、谈判和其他和平方式对外行使主权，处理国家关系及参与国际事务的活动。

二、什么是外事

中国使用"外事"这个概念，至今已经有几千年的历史，只不过外事的含义与现在不同。古代中国把国与国之间的交往叫作"外事"，中国最早的史书《尚书·康诰》篇记载："（王语）外事，汝陈时臬，司师，兹殷罚有伦。"战国时纵横家言："外事，大可以王，小可以安。"这里的外事是指国与国之间的交往。由此可见，在近代意义上的外交概念产生之前，中国人使用外事一词表示国家的对外事务。《左传》中记载中行桓子建议重新起用贾季，因为他善于处理对外事务，"请复贾季，能外事。"《三国演义》中，孙策遗言孙权："内事不决问张昭，外事不决问周瑜。"内事和外事，一内一外，指的就是内部事务和对外事务。所以，古代中国将与外国、外族有关的事务统称为外事，外事等同于今天的外交。

《现代汉语词典》对外事作如下解释："外事即外

交事务，如外事活动、外事机关。"改革开放后，中国对外交往日益增多，人们开始从广义的角度理解外事。1991年出版的《对外交流大百科》指出：狭义的外事主要指外交部门、外交代表机构同外国政府及其机构、国际组织和国际机构所从事的活动。广义的外事则指国家机关与外国政府、国际组织、国际机构、外国企业、团体、外宾、华侨所进行的政治、经济、文化、法律、军事、旅游等一切交涉、会谈和活动。① 前副总理钱其琛主编的《世界外交大辞典》认为："中国一些国际法学者把外交部门加领事部门统称为外事部门，实际上一些涉外工作都可泛称为外事。"② 中国自改革开放以来，对外开放的广度和深度不断扩展，形成了全方位、多层次、立体化的对外开放格局，地方政府、科研院所、大型企业、社团协会等都通过自己的渠道开展对外交流合作，并多设有专门的涉外部门和人员。从某种程度而言，已形成了各行各业办外事的大外事格局，与世界各国之间的交流与合作遍及政治、军事、经济、教育、科技、体育、卫生、环境等各个领域。外事的内涵和外延也随之不断扩大，因此，采取广义

---

① 蒋宝德等主编《对外交流大百科》，华艺出版社，1991，第1098页。
② 钱其琛主编《世界外交大辞典》，世界知识出版社，2005，第2055页。

的外事概念以适应日益多元化、多层次的外事实践，是完全必要的。目前，外事一词的实际应用领域非常广泛。上述提及的地方政府、国有企业、事业单位设立的主管对外交往的部门都可称为外事机构，其从事各类外事工作的人员都可称为外事人员或者外事队伍。周恩来总理著名的"站稳立场、掌握政策、熟悉业务、严守纪律"十六字守则，就是外事人员在对外交往中应当遵守的纪律，即"外事纪律"。周恩来总理的名言"外交无小事"，也常常被称为"外事无小事"。

在各国的外交实践中，外事一词在不同的国家有着不同的含义。美国的"外事部门"（Foreign Service）一般专指国务院负责派遣驻外使领馆及其他驻外机构工作人员的机构，也负责培训驻外人员。在英国，按照英国外交学者尼科尔松所著的《外交学》所述，其外事部门包括外交部门、领事部门和外交商务部门。中华人民共和国成立后，在东西方两大阵营冷战的国际格局中，为了在对外交往中维护并促进中国的主权和安全利益，中央政府严格管理对外交往，把所有领域、所有层次的对外交往都统一到中央，作为一个整体集中管理，一般称为"大外事"或"大外交"。外交是政府外交部门或法定的外交代表机构所从事的对外交往事务，外事就意味着地方政府、国有企事业单位、国家的其他社团机构所进行的对外事务、对外活动及对外工作。[①] 这种理解契合中国的外事管理实践。外交部设有外事管理司，其主要职责就是，"拟订有关外事管理法规草案；审核地方和国务院各部门、中央企业的重要外事规定和报国务院的重要外事请示；协调地方和国务院各部门外事工作会同有关部门研究提出对重大外事违规违纪事件的处理建议"。[②]

三、什么是涉外事务

涉外，顾名思义，就是涉及外国的意思，所以涉外事务就是泛指涉及外国的事务。外交和外事也是涉及外国的工作，因此，涉外事务自然包括外交和外事，但又不限于外交和外事，泛指国家机关、企事业单位、社会团体与外国政府、组织、机构、外国企业、团体、外宾、华侨等主体所进行的一切交涉、交际、交流、交换等活动。中国自改革开放以来，各行各业、各个

---

① 张历历：《外交决策》，世界知识出版社，2007，第44页。
② 参见中华人民共和国外交部网站，https://www.fmprc.gov.cn/web/wjb_673085/zzjg_ 673183/wsgls_674701/。

地方都可能遇到涉外事务，所以涉外事务的范围非常宽泛。国务院法制局 1990 年编辑的《中华人民共和国涉外法规汇编（1949—1990）》在"编辑说明"中按照实际工作需要和业务性质，将收录的涉外法规划分为总类、外交事务、公安、司法行政和民政、对外经济与技术合作、经济特区与沿海经济开放区、对外贸易、财政税收、金融、农林、海关、进出口商品检验、物价、工商行政管理、技术监督、统计、交通运输、民航、口岸管理、邮电、劳动人事、土地管理、环境保护、旅游、科学技术、文化体育、卫生医药、涉外仲裁、其他共 29 类，还包括有关华侨事务和港、澳、台事务方面的法规。[①] 这说明，涉外事务涉及政府工作的方方面面。而且，涉外事务还远不止如此，各类社会团体、企事业单位，如果其业务范围涉及外国，那他们就在从事涉外工作。一家旅行社如果只接待国内旅游者，它就不是涉外旅行社，如果它能够接待境外游客，那它就是一家涉外旅行社。任何一家饭店或商场，只要有境外顾客进入，接待的服务员或售货员就是在从事涉外工作。在全球化的今天，涉外事务可谓

---

① 中华人民共和国国务院法制局编《中华人民共和国涉外法规汇编（1949—1990）》，中国法制出版社，1991。

包罗万象，无处不在。

四、外交、外事和涉外事务的关系

外交、外事和涉外事务的内容主要是对外的，其工作内容和日常活动都以对外交往为主，但其规格和业务范围是有差异的。从学理意义上看，外交是最高层次的外事，也是最高层次的涉外事务，外事是次级层次的涉外事务，而涉外事务内涵、外延最广，包括了外交和外事。如果用同心圆表示外交、外事和涉外事务，外交在最里层，往外是外事，最外层是涉外事务。当然，这里的外交和外事指的是狭义的外交和外事。广义的外交，也可以包括外事；而在广义上，外事和涉外事务也可以通用，例如这是外事事务，也可以说，这是涉外事务。

在中国的实践中，通常把行为主体为国家元首、政府首脑和外交机构，交往对象为各国政府、外交机构和国际组织等，按一定原则、政策、方式、礼遇和程序进行的官方活动称为外交，因此，外交工作主要是以国家、中央政府的名义进行的，地方政府无权办理外交事务。而外事则是有别于外交的一般性对外交往,是地方、部门、企业、社会组织等进行的对外交往活动。简言之,代表国家主管外交的职能机构是外交部,代表国家正式办理外交的机构叫作外交机构,如驻外使领馆。地方各种对外机构则统称为外事机构。县以上的地方政府设有外事办公室,各地设置情况不同,但基本职能相同。规模较大的企事业单位均设立主管对外交往的机构。例如,中国铁路总公司设国际合作部,中国石油化工集团公司设外事局,北京大学设国际合作部,外交学院设外事办公室。涉外事务包含外交、外事,还包括除了外交、外事活动主体之外的其他主体进行的对外交往,具有最广泛的内涵和外延。

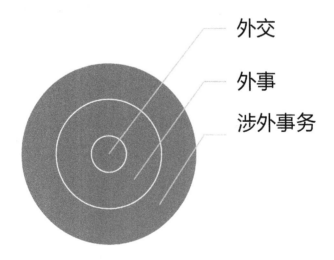

图 1.1　学理意义上的外交、外事与涉外事务

外交、外事和涉外事务尽管具有不同的内涵和外延，但它们同属国家的对外工作，只是规格不同而已，因此，其具有相似的特性。

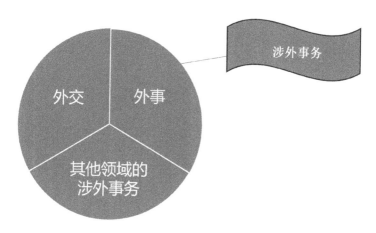

图 1.2　中国外交外事实践中外交、外事与涉外事务的关系

首先，外交、外事和涉外事务都是直接或间接为实施国家外交政策，实现国家利益服务的。无论是国家层面的外交，还是企事业层面的外交，最终目的都是为实现本国的对外发展战略目标服务的。其次，外交、外事和涉外工作有特殊的素质要求，外交、外事和涉外事务具有高度的政治性，一着不慎就会影响国家形象，损害国家利益。因此，外交、外事和涉外事务的基本要求是一样的，外事无小事，授权有限，涉外工作人员要有强烈的政策观念和严格的纪律性，而且需要掌握专门的知识和技能。最后，外交、外事和涉外事务都是国家全方位大外交格局的重要组成部分，在全球化时代，外事和涉外事务的重要性不断上升，在国家整体外交中发挥着补充和促进的作用。

第二节　外事管理

有了外事活动，就需要对外事活动进行管理，以保证外事活动有序高效进行，国家的对外政策得以实施，国家利益得以实现。因此，外事管理是国家治理体系的重要组成部分。严格意义上的外事管理是在国家出现之后才产生的，其标志是出现了专门的外事管理机构、专职的外事管理人员和各方认可的外事管理规则。在人类漫长的发展过程中，外事管理的内容和方式不断演化，其宗旨都是通过有效的管理以促进人类的共同福祉。

一、什么是外事管理

外事管理是一个集合名词，由外事和管理两个概念组合而成。对于这个概念，学术界研究不多。据现有资料，夏书章教授主编的《行政管理学》是国内较早提出外事管理概念的著作，认为："外事管理是国家行政机关对涉外事务进行管理，建立和保护正常的对外关系，它包括外交活动管理、对外经济贸易活动的管理、对外文化交流的管理以及国际旅游活动的管理。外事管理是社会主义国家行政管理的重要方面，对于其他方面的管理有重要影响。"[1] 北京大学王福春教授在《外事管理学概论》中将外事管理定义为："外事管理是一种具有宏观性质的行政管理，是对涉外行政事务的管辖和处理。外事管理有自己的目标、原则、规范、主体、客体和手段，是一切涉外活动健康发展的保证。"[2] 周国宝、张慎霞编著的《外事管理实务》一书，采用了王福春教授的外事管理的定义。[3]

综合以上各位学者关于外事管理的定义，根据中国外事管理的实践及我们对外事的界定，可以对外事管理做如下理解：外事管理就是国家的外事管理部门依据国家的法律法规和外交政策对外事主体所进行的

---

[1] 夏书章：《行政管理学》，山西人民出版社，1985，第 56 页。

[2] 王福春主编《外事管理学概论》，北京大学出版社，2003，第 8 页。

[3] 周国宝、张慎霞编著：《外事管理实务》，华南理工大学出版社，2005，第 12—13 页。

各项对外交往事务进行的管理活动。包含以下几项内涵。

首先，外事管理的主体是党和国家的外事管理部门。比如，中国在省、市、县等三个层级的政府中设立了外事管理部门，如北京市设立北京市人民政府外事办公室，挂中共北京市委外事工作委员会办公室和北京市人民政府港澳事务办公室牌子；辽宁省设立辽宁省人民政府外事办公室，挂辽宁省人民政府港澳事务办公室牌子，都负有起草外事工作规划和重要外事规定，在职权范围内拟订并组织实施外事工作管理制度，检查有关部门和单位贯彻对外方针政策和涉外法规的执行情况，协调重大外事、涉外活动，负责处理或协助处理重要的涉外事务等项职责。国务院各部委设立的国际合作司（局）、地方政府各部门设立的国际合作处及社会团体、国有企事业单位等其他各类组织设立的外事部门，如公安部的国际合作司局，全国妇联的联络部，中国石油天然气公司的国际部等，担负着本单位的对外交流和合作，管理本部门及直属机关对外事务的职能。

其次，外事管理的客体覆盖面广。可以说，除了外交事务的所有涉外事务，都是外事管理的客体。从行为体上看，我国党政机关、企事业单位、社会团体开展的国际交往活动，都是外事管理的范围。从内容上看，包括政治、经济、文化、社会等领域。

再次，外事管理是一项宏观层面的行政管理。外事管理的最终目标是执行国家对外政策，实现国家利益，这就决定了外事管理与涉外企业管理等微观管理有着本质的区别。外事管理必须从维护国家整体利益的基本原则出发，在各项对外交往工作中贯彻执行国家外交政策，所谓"外事无小事"，每一件细微的外事工作的背后都或直接或间接地涉及国家利益的实现，这就要求外事管理必须有大局意识。

最后，外事管理必须依法进行。外事管理属于行政管理的范畴，而行政管理的一条基本原则就是依法管理。作为行政管理的有机组成部分，外事管理必须依法进行。《中华人民共和国宪法》是行政职权的来源，行政法规是规范行政职权的重要工具，行政机关依法行政能够保证行政管理的秩序和效率。外事管理中的众多主体按照法律法规明确自己的职责、权利和义务，可以克服各种人为因素的干扰，保持外事管理的稳定性，减少扯皮，防止内耗，保证管理渠道畅通，从而使整个外事管理系统有效运转，提高管理效率。

二、外事管理的工作对象和内容

从管理学的角度看，管理的对象主要就是两个方面，人和事。外事管理也不例外，管理范围内的人和事都属于外事管理的工作对象。

就人而言，从事对外交往的党中央和国务院有关部门、地方机关、企事业单位、社会组织和个人都是外事管理的对象，他们需要遵循相关的法律法规及国际规则，按照既定的程序，在特定的领域进行对外交往。

就事而言，外事管理的对象非常广泛。从管理领域看，随着对外开放和全球化的发展，我国的对外交往日益增多，几乎在所有领域都开展对外交流，如政治、经济、文化、社会、国防、科技、教育、卫生、环境保护，等等，因此，外事管理几乎涉及所有的行政管理领域。"外事无小事"一直是我国外事管理的指导思想。从管理事项看，从外事活动规范的制定，合作协议的签署，到因公临时出国人员的审批，来华人员的邀请，国际会议的管理；从管理过程看，从涉外活动的计划、组织，到涉外活动的协调、监督，所有这些事项，都是外事管理的范畴。

外事管理的内容，不同层次的外事管理机关有所差异，均由相关的规范性文件予以规定。外交部外事管理司作为经中央授权的外事管理归口部门，其主要职责是："拟订有关外事管理法规草案；审核地方和国务院各部门、中央企业的重要外事规定和报国务院的重要外事请示；协调地方和国务院各部门外事工作；会同有关部门研究提出对重大外事违规违纪事件的处理建议。"① 教育部国际合作和交流司（港澳台办公室）作为教育系统的归口管理部门，其主要职责为："组织指导教育方面的国际合作与交流，拟订出国留学、来华留学、中外合作办学、外籍人员子女学校管理工作的政策；承担教育涉外监管的有关工作；指导驻外使（领）馆教育处（组）的工作；规划、协调、指导汉语国际推广工作，开展与港澳台的教育合作与交流。"② 北京市人民政府外事办公室作为北京市委及其外事委员会的工作机构，同时是主管全市外事工作的政府组成部门，其主要职责为："起草本市外事工作地方性法规草案、政府规章草案，研究拟订外事工作

① 中华人民共和国外交部网站，https://www.fmprc.gov.cn/web/wjb_673085/zzjg_673183/wsgls_674701/。
② 中华人民共和国教育部网站，http://www.moe.gov.cn/s78/A20/。

规划和制度，并组织实施。组织开展外事工作重大问题的调查研究。负责本市与外国地方政府间的交流，与香港、澳门特别行政区政府的有关工作联系。指导本市民间对外交往工作。负责在京全国性行业协会、商会外事属地化管理工作。根据外交部、国务院港澳事务办公室和市委、市政府的授权，管理、指导本市各单位因公出入境工作。负责核发外国人来华签证邀请函。负责牵头应对和处理本市重大涉外突发事件。负责统筹协调在京举办的重大国事活动服务保障工作。"①

归纳总结起来，外事管理的工作内容主要包括以下几个方面。第一，提供外事管理的规范。外事管理机关的一个重要工作内容是根据国家相关的法律法规和外交政策，结合本系统、本地区、本部门的实际，在职责范围内制定外事管理的相关制度、规定、办法和各种流程，将党中央的对外政策付诸实施，落到实处，使归口管理范围内的部门有规可循，有章可依。第二，管理各项外事活动。负责本机关归口管理的涉外事项，负责有关外事活动、外国人来华、单位职员

---

① 北京市人民政府外事办公室网站，http://wb.beijing.gov.cn/home/zwxx/jgzn/fdzz/201912/t20191218_1258943.html。

出国等事项的审核审批。第三，提供服务。寓管理于服务，外事管理部门在管理外事的同时，也提供各种服务，以保证各项外事活动的顺利进行。外事归口管理部门有责任指导所属外事工作机构的业务工作，就国际和地区形势、国家对外政策、外事纪律等方面为外事人员提供教育和培训，提高外事人员的素质和能力。第四，监督检查。有效的监督检查是依法办外事，提高外事管理效率的重要措施。外事管理部门负责监督检查国家对外政策、外事纪律的执行情况，并会同有关部门处理违反外事法律法规和外事纪律，严重损害国家利益和声誉的事件。

思考题

1. 如何理解外交、外事和涉外事务及它们之间的关系？

2. 如何理解外事管理及其重要作用？

第二章　当代中国
外事管理的历史沿革

中国外事管理工作的历史也是中国共产党领导外事工作的历史，中国共产党的对外交往是党的工作的重要组成部分。在新民主主义革命时期，中国共产党就有了对外交往，中华人民共和国成立后，外事工作更成为党和国家工作全局的重要方面。在不同的历史时期，随着形势的变化，中国共产党不断加强和改善对外事工作的领导，形成了独特的领导方式，取得了辉煌的成就，积累了丰富的经验。

第一节　新民主主义革命时期
党对外事工作的领导

　　中华人民共和国成立之前，中国共产党在不同时期开展了不同形式的对外交往，这一时期是中国共产党领导外事工作的探索和奠基时期。中国共产党根据国内外形势，紧密结合当时的中心任务开展外事工作，不仅为中国共产党的革命事业争取了宝贵的国际支持，创造了良好的外部环境，而且为新中国的外交外事事业积累了宝贵经验，培养储备了大批专业人才。

　　早在1927年广州起义开始后，广州苏维埃政权就设有外交人民委员一职，由中共五届中央候补委员、工人运动领袖黄平担任。黄平精通英文和俄文，曾担任李大钊的英文翻译。在当时的环境下，外事工作更多是纸面上的宣传。[①] 1931年11月，中华苏维埃共和国临时中央政府成立，按照苏联的体制进行制度设计，除了中华苏维埃代表大会、中华苏维埃中央执行委员

――――――――

　　① 中共中央党史资料征集委员会编《广州起义》，中共党史资料出版社，1988，第664页。

会、中央执行委员会主席团、人民委员会等政权机关，还设立外交人民委员会，由王稼祥兼任外交人民委员进行交往联络，同时负责对苏联和共产国际的联络工作。临时中央政府发表《中华苏维埃共和国临时政府对外宣言》，这是中国共产党的第一份对外宣言。当时，中国共产党把自己定位为共产国际的一个支部，所以中国共产党的对外交往长期以共产国际、苏联共产党和其他一些国家的共产党和工人党为对象，互相派遣常驻代表是中国共产党与苏联共产党、共产国际交往的主要方式。例如，当时共产国际和其他国家的共产党人进入中央苏区，都必须由外交人民委员会的内设机构——联络总站负责安排行程和路线。①

1935年，红军长征到达陕北，设立中华苏维埃中央政府西北办事处，王稼祥任外交部部长。② 后来王稼祥去了苏联，由博古接任，但日常工作由李克农负责。"外交部的工作，事无论大小，全由李克农负责处理。"③ 1936年7月，外交部接待了美国记者埃德加·

---

① 赵诺：《新中国成立初期外交部组织人事问题的历史考察》，《中共历史与理论研究》2017年第1期。

② 王健英等编著：《中国共产党组织史资料汇编》，红旗出版社，1983，第245页。

③ 朱正明：《在李克农同志身边》，时事出版社，2000，第8页。

斯诺和美国医生乔治·海德姆，毛泽东等中共领导人高度重视外宾的来访，多次同他们长谈。斯诺对延安的报道打破了国民党的新闻封锁，第一次使国际社会客观地了解中国共产党及其领导的区域政权，有力地争取了国内外舆论的同情。

1937年12月，为了统一领导南方各省党的工作，中共中央政治局会议决定在武汉设立中共中央长江局。1938年4月，长江局设立国际宣传委员会，由周恩来领导，王炳南负责具体工作。[1] 9月，中央政治局会议决定撤销长江局，设立中原局和南方局。1939年1月，中共中央在重庆设立南方局，为适应统战工作和对外宣传工作的需要，南方局专门设立对外宣传小组，1940年12月改称外事组，组长是王炳南，陈家康、龚澎（后来增补）为副组长。[2] 周恩来为外事组制定了"宣传出去，争取过来"的方针，采取积极主动广交朋友的措施。1942年9月1日，针对各抗日根据地党政军民存在的不协调现象，中共中央政治局作出《关于统一抗日根据地党的领导及调整各组织间关系的决定》。决定指出：党是无产阶级先锋队和无产阶级组织

① 周溢潢：《新中国外交部诞生记》，《党史天地》1999年第6期。
② 王炳南：《中美会谈九年回顾》，世界知识出版社，1985，第34页。

的最高形式，它应当领导一切其他组织，如军队、政府与民众团体。根据地领导的统一与一元化，应当表现在每一个根据地有一个统一的领导一切的党的委员会。

1944 年 7 月，在抗日战争即将转入战略反攻的时刻，为加强情况交流和观察未来行动的可能性，以包瑞德上校为组长，包括美国驻华使馆二等秘书谢伟思等人组成的美军中缅印战区驻延安观察组进驻延安。为做好接待工作，中央决定在延安设立军委外事组。毛主席提议杨尚昆任组长，王世英和金城为副组长，对外杨尚昆以"军委秘书长"的身份出面。外事组下设四个科：联络科，科长陈家康；研究科，科长柯柏年；翻译科，科长黄华；行政科，科长杨作材。① 这是中国共产党对外交往的一次有益且成功的尝试，也是中国共产党与美方合作的开始，外事工作愈加受到中央领导人的重视。8 月 18 日，中央发出《关于外交工作的指示》，这是中国共产党第一份外交工作文件，②

---

① 凌青口述，宗道一、朱礼盈、傅铮铮等编著：《从延安窑洞到北京外交部街（上）》，《党史博览》2005 年第 1 期。
② 赵可金：《当代中国外交制度的转型与定位》，时事出版社，2012，第 81 页。

文件宣布"从对外宣传工作转变为半独立的外交工作",[①]"现阶段外交工作的主要内容是在国际统一战线的思想指导之下,共同抗日与争取民主。"1945年6月,董必武作为中国共产党的代表,参加中国代表团赴旧金山出席联合国制宪会议,并在联合国宪章上签字。董必武参加旧金山会议,是中国共产党高层领导人第一次以公开身份在美国活动。董必武利用这难得的机会,尽可能多地接触旅美华侨。为了扩大中国共产党的影响,董必武主持出版了英文版《中国解放区实录》,散发给出席旧金山会议的各国代表、外国记者及美国人士,比较详细地向世人介绍了解放区军民在抗击日本侵略、政权建设、经济和文化建设等方面的成就。[②]

1946年1月10日,根据国共双方签订的停战协定,由共产党代表、国民党代表和美方代表组成的"三人委员会"在北平成立军调处执行部,简称"军调部",负责监督停战协定的执行,妥善处理双方军队的相处与整编问题。中共方面的代表是叶剑英,李克

---

① 《中共中央文件选集》第18册,中共中央党校出版社,1992,第44—49页。
② 杨瑞广:《董必武出席联合国制宪会议始末》,《党的文献》2006年第2期。

农协助工作，耿飚、黄华、冯铉、薛子正等参与工作。后来在长春、张家口、太原、济南等地设分部或执行小组，伍修权、黄镇、韩念龙、姚仲明、符浩等任中共方面的代表。随着和谈失败，各地外事组成员纷纷撤回延安。1947年3月，中共中央决定撤离延安，周恩来以其革命家的远见卓识，考虑到未来新中国外交工作的需要，决定将过去所有做过外事工作的干部集中起来，越过黄河去晋绥地区。5月1日，在山西临县三交镇，成立中共中央外事组，叶剑英兼任主任，王炳南担任副主任，下设编译处、研究处和新闻处，分别由徐大年、柯柏年和董越千担任。

值得指出的是，为了培养外交人才，中共中央和军委决定在延安抗大三分校组建俄文队，1941年3月，开始接收新生。1942年，中共中央在俄文队的基础上建立俄文学校。1944年，俄文学校改名为延安外国语学校，增加英文专业，培养英语人才。① 1948年，根据周恩来的指示，建立中央外事学院，由叶剑英直接领导。

1949年1月，为应对夺取全国政权之后的外事工

---

① 周溢潢：《新中国外交部诞生记》，《党史天地》1999年第6期。

作，周恩来在西柏坡召开外事组会议，详细介绍今后开展外事工作的方针，特别强调外事无小事，外交大权在中央，这成为新中国成立后外事管理的基本方针。

综上所述，在中华人民共和国成立之前，中国共产党在不同时期根据形势的需要设立了不同形式的外事部门，主要以外事组的形式存在，开展对外交往工作，在党管外事的指导原则和体制机制等方面做了初步的探索和有益的尝试，积累了一定的经验。

第二节　社会主义革命和建设时期党对外事工作的领导

1949 年 10 月 1 日，中华人民共和国中央人民政府成立，外交部也同时成立，中国共产党领导的外事事业掀开了崭新的一页，形成了外交部负责的政府外交及其他部门、地方政府、国有企事业单位、人民团体等组织的总体外事格局。各层次外事机构相继建立，党管外事的指导思想逐步明确，党领导外事的体制机制基本形成，其间形成的外事领导小组体制的外事工作授权有限，外交大权在中央及归口管理的指导原则沿用至今。

随着外交部的成立及驻外使领馆的建立，部分中央国家机关和省级人民政府也建立了相应的外事工作机构。新中国成立初期，与中国建交的国家较少，加强党际交流、民间外交、文化交流就成为党的外事工作的重要组成部分。1949 年 12 月，在周恩来总理的倡导下，成立了中国人民外交学会，专门从事人民外交。中央考虑到处理与社会主义国家的共产党、工人党的关系不宜包括在外交部工作范围之内，为便于与这些政党的交往，1951 年 1 月，成立了中央对外联络部，主要负责党际交往工作。1954 年 5 月，在周恩来总理的倡议下，由中国人民保卫世界和平委员会、中国文学艺术界联合会、中华全国自然科学专门学会联合会、中华全国总工会、中华全国民主妇女联合会等 10 个人民团体联合发起，在北京成立中国人民对外文化协会，致力于发展中国人民与世界各国人民之间的友好关系、促进文化交流。1966 年改称"中国人民对外文化友好协会"，1969 年起改称"中国人民对外友好协会"。

1949 年 1 月 1 日，北平市人民政府成立，下设外侨管理处，具体负责外侨问题，重大事项请示党委，并报中央决定。5 月，上海解放后，上海市人民政府成立外侨事务处。1950 年，中央出台《关于各地外事机构的决定》，规定："各地现有之外侨事务处，统改为外事处（东北外事局不变），受各地人民政府或军政委员会主席或市长领导。各中央局，分局，省委，市委应有领导同志亲自参加并吸收与外事有关部门（如公安、贸易、海关）负责同志，组成外事委员会，负责该地区在处理外侨事务方面的政治上的领导及重大外事案件政策方面的研究与讨论。外事委员会人选由各地提出，报中央批准。"这个决定统一了地方政府外事机构的名称，重申党管外事的体制，强调外交大权在中央。

为了统一与加强有关对外交往的指导工作，1953年 4 月，中共中央国际活动指导委员会成立，由中央对外联络部部长王稼祥兼任委员会主任，统一领导和协调各有关单位的民间外交工作。根据中央精神，各地方也成立了相应的国际活动指导委员会。例如，9月，北京市成立中共北京市委国际活动指导委员会，主要负责人由党委书记或副书记兼任，委员由宣传、统战、情报、公安、外事、文教、交际、行政、工青妇和大学等单位负责人组成。[①] 由此可见，国际活动指

---

① 王二宝：《新中国地方外事制度的构建——以 20 世纪 50 年代北京市外事制度为中心的考察》，《当代中国史研究》2010 年第 2 期。

导委员会是个协调机构，领导兼任，日常工作由外事处负责。

1958年6月，中共中央发布《关于成立财经、政法、外事、科学、文教小组的通知》，指出："大政方针在政治局，具体部署在书记处，只有一个'政治设计院'，没有两个'政治设计院'。大政方针和具体部署都是一元化，党政不分。具体执行和决策细节属政府机构及其党组。对大政方针和具体部署，政府机构及其党组有建议之权，但决定权在党中央。"[1] 中央外事小组直接隶属于中央政治局和书记处，组长为陈毅，同时撤销中央国际活动指导委员会。同年，国务院设立外事办公室作为中央外事小组的办事机构，同时也是国务院管理外事工作的总口子，协助中央进行外事工作的全面规划和统一管理，协助国务院管理外交部、外贸部、对外文化联络委员会和华侨事务委员会，并指导中央级政府部门、人民团体和省市的外事工作。[2]在中央成立外事小组之后，地方各级党委也相继成立外事工作小组，统一领导本地方的外事工作。按照中

---

[1] 《中国共产党组织史资料》第9卷，中共党史出版社，2000，第628页。
[2] 王敬松：《中华人民共和国政府与政治》，中央党校出版社，1995，第385页。

央的机构设置，地方政府设立外事办公室，作为党委外事小组的办事机构，同时也是政府管理外事工作的总口子，协调各外事部门的工作。

外交工作的专业性很强，"任命无经验的外行人当外交使节，必然会使国家蒙受其害"。① 新中国成立后，国家领导人从当时的国内外形势和国际格局出发，采取了"另起炉灶"的方针，弃用原来国民党政府的外交外事人员，建立起一支全新的外交外事人员队伍。为了培养专业外事人才，同时提高在职人员的专业素质，1949 年 12 月 16 日，周恩来主持召开政务院政务会议，会议决定在华北大学的基础上，成立中国人民大学，培养国家所需的干部。1950 年，中国人民大学成立，设立外交系，负责为新中国培养和培训外交外事人才。随后又成立了俄文专修学校，培训俄文翻译人才；成立外国语学校培养精通英、法、德等国语言的干部。

1951 年 8 月，在总结新中国成立以来外交实践经验的基础上，考虑到未来外交工作的实际需要，周恩来总理兼外交部长在向中央人民政府所作的外交工作

---

① 马丁·梅耶：《外交官》，世界知识出版社，1988，第 43 页。

报告中，明确提出选拔外交干部的四条标准，即"站稳立场，掌握政策，熟悉业务，严守纪律"，这四条标准后来被概括为"十六字方针"。"十六字方针"既是选拔外交干部的原则和标准，也是选拔外事干部的原则和标准，同时也是对外事人员政治上和业务上的要求。无论时代如何变迁，这"十六字方针"一直是外事人员恪守的基本原则。

考虑到新中国需要大批专业外交外事人才，周恩来提出了在中国人民大学外交系的基础上建立外交学院的倡议，得到了党中央、毛主席的批准。1954 年 12 月，外交部成立了"外交学院建院筹备委员会"，由外交部副部长伍修权同志担任主任。1955 年 9 月，外交学院正式成立。外交学院直接隶属于外交部，作为外交部培养外交外事人才和轮训初、中级干部的基地。

第三节 改革开放和社会主义现代化建设时期党对外事工作的领导

1978 年 12 月，党的十一届三中全会作出了把工作重点转移到经济建设上来的重大决策，确立了对内改革，对外开放的政策。中国开始全面融入国际体系，各个领域、各个层次的对外交往日趋活跃，加强党的集中统一领导尤为必要。党中央根据形势的变化适时调整领导体制，加强机制建设，不断完善外事管理法律法规体系，强化依法管理。这一时期，在党中央的有力领导下，中国逐步形成了全方位、多渠道、宽领域、深层次的对外交往格局，国际地位和国际影响力显著提升，在国际事务中发挥着越来越重要的作用。

一、推进党和国家机构改革，为党管外事提供组织保障

1981 年，中共中央决定设立中央外事工作领导小组。1982 年，国务院进行机构改革，明确了外交部统一掌管外交事务，代表国务院就对外政策的实施进行协调的职能。1988 年 4 月，国务院恢复设立外事办公室，作为国务院和中央外事工作领导小组的办事机构。1998 年 8 月，中共中央、国务院决定撤销国务院外事办公室，保留中央外事工作领导小组办公室，作为中央外事工作领导小组的办事机构，原国务院外事办公室的部分职能划归外交部，外交部相应成立外事管理司。

二、不断完善外事工作管理体制，为党管外事提供
制度保障

　　1981 年，为适应对外开放的新形势，国务院印发
《关于派遣临时出国团、组、人员审批权限的暂行规
定》，提出外事工作归口管理、分级审批的原则。为加
强对地方外事工作的领导，1981 年 9 月，国务院委托
外交部召开全国地方外事工作会议，通过了《关于加
强地方外事工作集中统一领导问题的若干规定》，文件
重申外交大权在中央，外事工作授权有限，执行政策
必须高度集中的原则；要求各省、市、自治区党委和
人民政府必须进一步加强对外事工作的领导，省级党
委可根据本地区外事工作的需要设立外事工作领导小
组，统一领导本地区的外事和涉外工作。1985 年，中
共中央、国务院印发《关于派遣临时出国人员和邀请
国外人员来华审批权限的规定》，确定了统一领导、归
口管理、分级负责、协调配合的外事管理体制和原则，
坚持重大对外交往权限归中央的原则，分别归口由中
央外事工作领导小组和国务院直接审批和管理，同时
明确归口部门的职责，扩大了部门和地方的权限。

1991 年，中共中央办公厅、国务院办公厅印发《关于进一步加强外事工作领导和管理的通知》，文件强调，外交大权在中央，执行对外政策必须高度统一，并要求统一对外政策，统一行动部署，统一对外表态口径，统一外事管理规章。1996 年，中共中央印发《关于地方外事工作的若干规定》，进一步明确党对地方外事工作的领导体制和工作机制。2000 年，中共中央、国务院发布《关于印发〈关于全国外事管理工作的若干规定〉的通知》，重申外交大权在中央，外事工作授权有限，统一领导、归口管理、分级负责、协调配合是行之有效的外事管理体制，文件还对外事事项的归口审批权限及办法等做了具体规定。

三、召开党的历史上首次外事工作会议，为新时期加强党对外事工作的领导提供指导思想

进入 21 世纪，全球化日益发展，中国综合国力不断提高，中国与世界的联系更加密切，在国际社会的影响力越来越大，外事工作在党的工作全局中的地位越来越重要，"在促进国家现代化建设，维护国家主权、安全、发展利益方面具有十分重要的作用。"在这

种历史背景下，2006年8月21日至23日，中共中央在北京召开外事工作会议。当时的九位政治局常委胡锦涛、吴邦国、温家宝、贾庆林、曾庆红、黄菊、吴官正、李长春和罗干悉数出席会议，表明中共中央对外事工作的高度重视。胡锦涛总书记在会上发表讲话，从战略和全局的高度，阐述了新世纪新阶段做好外事工作的重要性和紧迫性，提出了外事工作的指导思想、基本原则、总体要求和主要任务，对加强和改进党对外事工作的领导提出了明确要求。胡锦涛总书记强调指出：做好新形势下的外事工作，党的领导是关键。要从加强党的执政能力建设和先进性建设的战略高度，着眼于提高在国际形势深刻复杂变化和全方位对外开放条件下维护国家主权、安全、发展利益的能力，切实加强和改进党对外事工作的领导。要坚持外事工作的正确方向，全党全国都要切实把思想认识统一到中央提出的对外大政方针和战略部署上来，坚决贯彻中央的对外政策，齐心协力做好外事工作。要加强外事工作战略研究，深入研究国际关系发展变化的规律和特点，加强外事工作科学决策、科学运筹、科学管理的能力。要建立健全外事工作管理体制机制，充分发挥政府外交的主渠道作用，加强和改进政党、人大、政协、军队、地方、民间团体对外交往工作，形成做好外事工作的整体合力。要加强外事干部队伍建设，积极探索新形势下外事干部的成长规律和培养途径，形成有利于优秀人才脱颖而出的体制机制，努力造就一支高素质的外事干部队伍。鼓励外事干部发挥我国外事工作的优良传统，始终忠于党、忠于国家、忠于人民、忠于职守。① 这次会议是中国共产党历史上召开的首次外事工作会议，是在中国外交外事事业取得历史性成就的时刻召开的，会议彰显了外事工作在党和国家工作全局中的重要地位，会议提出的关于外事工作的指导思想、基本原则、总体要求和主要任务，对于加强和改善党对外事工作的领导，开创外事工作新局面具有重要的指导意义。

第四节 党的十八大以来
党对外事工作的领导

党的十八大以来，中国与世界的关系发生了历史

---

① 《中央外事工作会议在京举行》，《人民日报》2006 年 8 月 24 日，第 1 版。

性的变化，中国正前所未有地接近实现中华民族伟大复兴梦想，前所未有地走近世界舞台中央，在决胜全面建成小康社会，实现两个"一百年"奋斗目标的历史性时刻，以习近平同志为核心的党中央高瞻远瞩，提出了一系列治国理政的新理念，加强党的全面领导，坚持党要管党，全面从严治党，推进党对外事工作的领导进入创新和发展期。

习近平外交思想为新时代外事工作指明了方向，提供了根本遵循。在中国特色社会主义新时代，面对百年未有之大变局，以习近平同志为核心的党中央深刻思考世界发展大势、人类前途命运以及中国与世界的关系，准确定位中国的历史方位，从实现中华民族伟大复兴的中国梦出发，在继承中华人民共和国几代领导人外交战略的基础上，对中国特色大国外交作出顶层设计和战略规划，积极推进外交理论与实践创新，创造性地提出一系列富有中国特色、体现时代精神、引领人类进步潮流的外交新理念、新思想、新战略，形成并确立了习近平外交思想。理论是实践的先导，习近平总书记提出的推动构建新型国际关系、推动构建人类命运共同体、坚持正确义利观、"一带一路"倡议、"亲诚惠容"的周边外交理念、"真实亲诚"的对非政策理念以及新发展观、新安全观、新合作观、新文明观、新全球治理观等新理念，不仅为外交工作而且为外事工作提供了根本遵循和行动指南。

一、中央外事工作会议为开创对外工作新局面提供坚强保障

2014年11月28日至29日，在中国成为全球第二大经济体，国际影响力日益扩展的历史时期，中央召开第二次中央外事工作会议。中共中央总书记习近平在会上发表重要讲话强调，要统筹国内国际两个大局，统筹发展安全两件大事，牢牢把握坚持和平发展、促进民族复兴这条主线，维护国家主权、安全、发展利益，为和平发展营造更加有利的国际环境，维护和延长我国发展的重要战略机遇期，为实现"两个一百年"奋斗目标、实现中华民族伟大复兴的中国梦提供有力保障。习近平总书记强调，坚持中国共产党的领导，坚持中国特色社会主义，是对外工作管根本的一条，对外工作既要为实现"两个一百年"奋斗目标服务，也要为坚持党的领导、巩固党的执政地位服务。习近平总书记强调，全面推进新形势下的对外工作，必须

加强党的集中统一领导，改革完善对外工作体制机制，强化对各领域各部门各地方对外工作的统筹协调，加大战略投入，规范外事管理，加强外事干部队伍建设，为开创对外工作新局面提供坚强保障。①

2018 年 6 月 22 日至 23 日，中央召开第三次外事工作会议。在新的历史时期，中共中央总书记习近平重申加强党对外事工作的领导，强调对外工作要根据党中央统一部署，加强谋篇布局，突出工作重点，抓好工作。要围绕党和国家工作重要节点，推动对外工作不断开创新局面。外交是国家意志的集中体现，必须坚持外交大权在党中央。要增强政治意识、大局意识、核心意识、看齐意识，坚决维护党中央权威和集中统一领导，自觉在思想上政治上行动上同党中央保持高度一致，确保令行禁止、步调统一。对外工作是一个系统工程，政党、政府、人大、政协、军队、地方、民间等要强化统筹协调，各有侧重，相互配合，形成党总揽全局、协调各方的对外工作大协同局面，确保党中央对外方针政策和战略部署落到实处。习近平总书记重视外事干部队伍建设，指出：政治路线确

① 《中央外事工作会议在京举行》，《人民日报》2014 年 11 月 30 日，第 1 版。

定之后，干部就是决定因素。要建设一支忠于党、忠于国家、忠于人民，政治坚定、业务精湛、作风过硬、纪律严明的对外工作队伍。要加强理想信念教育，提高外事干部队伍的专业能力和综合素质。习近平还强调，对外工作体制机制改革是推进国家治理体系和治理能力现代化的内在要求。要根据党中央统一部署，落实对外工作体制机制改革，加强驻外机构党的建设，形成适应新时代要求的驻外机构管理体制。①

2023 年 12 月 27—28 日，中央外事工作会议在北京举行。这次会议是在世界大变局加速演进，世界之变、时代之变、历史之变正以前所未有的方式展开的历史背景下召开的，其重要性不言而喻。习近平总书记发表重要讲话，系统总结新时代中国特色大国外交的历史性成就和宝贵经验，深刻阐述新征程对外工作面临的国际环境和肩负的历史使命，对当前和今后一个时期的对外工作作了全面部署。

会议认为，党的十八大以来，对外工作取得历史性成就、发生历史性变革。会议从十个方面总结了新

---

① 《习近平在中央外事工作会议上强调：坚持以新时代中国特色社会主义外交思想为指导，努力开创中国特色大国外交新局面》，《人民日报》2018 年 6 月 24 日，第 1 版。

时代对外工作取得的历史性成就。"一是创立和发展了习近平外交思想，开辟了中国外交理论和实践的新境界，为推进中国特色大国外交提供了根本遵循。二是彰显了我国外交鲜明的中国特色、中国风格、中国气派，树立了自信自立、胸怀天下、开放包容的大国形象。三是倡导构建人类命运共同体，指明了人类社会共同发展、长治久安、文明互鉴的正确方向。四是坚持元首外交战略引领，在国际事务中日益发挥重要和建设性作用。五是全面运筹同各方关系，推动构建和平共处、总体稳定、均衡发展的大国关系格局。六是拓展全方位战略布局，形成了范围广、质量高的全球伙伴关系网络。七是推动高质量共建"一带一路"，搭建了世界上范围最广、规模最大的国际合作平台。八是统筹发展和安全，以坚定意志和顽强斗争有效维护国家主权、安全、发展利益。九是积极参与全球治理，引领国际体系和秩序变革方向。十是加强党中央集中统一领导，巩固了对外工作大协同格局。"① 其中，习近平外交思想是根本遵循，元首外交是战略引领，构

---

① 《中央外事工作会议在北京举行》，《人民日报》2023年12月29日，第1版。

建人类命运共同体是鲜明旗帜，党的领导是根本保障。①

　　会议总结了新时代外交工作实践积累的宝贵经验，这就是"六个必须"。在大是大非面前必须做到坚持原则；在促进和平发展上必须体现大国担当；在制定战略策略时必须树立系统观念；在理论实践发展中必须坚持守正创新；在应对风险挑战时必须发扬斗争精神；在加强统筹协调时必须发挥制度优势。②

　　会议强调，构建人类命运共同体是习近平外交思想的核心理念，是我们不断深化对人类社会发展规律认识，对建设一个什么样的世界、怎样建设这个世界给出的中国方案，体现了中国共产党人的世界观、秩序观、价值观，顺应了各国人民的普遍愿望，指明了世界文明进步的方向，是新时代中国特色大国外交追求的崇高目标。当今世界面临的一系列重大问题重大挑战，我国发展面临新的战略机遇，在新的历史征程上，中国特色大国外交要围绕推动构建人类命运共同体这条主线，紧紧围绕党和国家中心任务，坚定维护

---

①　王毅：《深入贯彻中央外事工作会议精神　不断开创中国特色大国外交新局面》，《求是》2024 年第 2 期。

②　同上。

国家主权、安全、发展利益，开辟中国外交理论与实践新境界，塑造我国和世界关系新格局，把我国国际影响力、感召力、塑造力提升到新高度，为以中国式现代化全面推进强国建设、民族复兴伟业营造更有利的国际环境、提供更坚实的战略支撑。

要加强思想理论武装，深化体制机制改革，推动外交队伍建设，不断增强对外工作的科学性、预见性、主动性、创造性。必须毫不动摇坚持外交大权在党中央，自觉坚持党中央集中统一领导，进一步强化党领导对外工作的体制机制。各地区各部门要胸怀大局、协同配合，不折不扣贯彻落实党中央对外工作决策部署。①

二、大力推进对外工作体制机制改革

以习近平同志为核心的党中央高瞻远瞩，不断加强和改善党对外事工作的集中统一领导，加强对对外工作的顶层设计、战略谋划和统筹协调，不断完善各级党委对外事工作的领导体制机制，为开创对外工作

———————

① 《中央外事工作会议在北京举行》，《人民日报》2023 年 12 月 29 日，第 1 版。

新局面提供政治保障。2017 年 2 月 6 日，习近平总书记主持召开中央全面深化改革领导小组第三十二次会议，会议通过了《关于加强党对地方外事工作领导体制改革的实施意见》《关于改革驻外机构领导机制、管理体制和监督机制的实施意见》《关于改革对外工作队伍建设的实施意见》《关于改革援外工作的实施意见》等文件。会议强调，要把加强党对对外工作的集中统一领导贯彻到对外工作体制机制改革的方方面面，加强战略谋划，强化统筹协调。要明确地方党委对本地区外事工作的主体责任，完善省以下地方党委对外事工作的领导和工作体制。要深化驻外机构管理体制改革。要健全招录和培养选拔机制，打造一支政治坚定、业务精湛、作风过硬、纪律严明的对外工作队伍。要优化援外战略布局，改进援外资金和项目管理，改革援外管理体制机制，提升对外援助综合效应。①

2018 年 2 月 28 日，中共十九届三中全会通过了《中共中央关于深化党和国家机构改革的决定》，提出完善保证党的全面领导的原则和任务。3 月，中共中央

---

① 《习近平主持召开中央全面深化改革领导小组第三十二次会议强调：党政主要负责同志要亲力亲为抓改革扑下身子抓落实》，《人民日报》2017 年 2 月 7 日，第 1 版。

印发《深化党和国家机构改革方案》，指出：中国共产党领导是中国特色社会主义最本质的特征。党政军民学，东西南北中，党是领导一切的。深化党中央机构改革，要着眼于健全加强党的全面领导的制度，优化党的组织机构，建立健全党对重大工作的领导体制机制，更好发挥党的职能部门作用，推进职责相近的党政机关合并设立或合署办公，优化部门职责，提高党把方向、谋大局、定政策、促改革的能力和定力，确保党的领导全覆盖，确保党的领导更加坚强有力。方案将中央外事工作领导小组改为中央外事工作委员会，负责外事领域重大工作的顶层设计、总体布局、统筹协调、整体推进、督促落实。① 5 月 15 日，中共中央总书记、中央外事工作委员会主任习近平主持召开中央外事工作委员会第一次会议，习近平强调加强党中央对外事工作的集中统一领导，做好新形势下外事工作，中央外事工作委员会要发挥决策议事协调作用，推动外交理论和实践创新，为外事工作不断开创新局面提供有力指导。要强化顶层设计和统筹协调，提高把方

---

① 《中共中央印发〈深化党和国家机构改革方案〉》，《人民日报》2018 年 3 月 22 日，第 1 版。

向、谋大局、定政策的能力。① 随后，地方各级党委也
成立了相应的外事工作委员会，加强对外事工作的统
筹协调。各级外事工作委员会的设立，是党中央在新
的历史时期加强党对外事工作的领导，完善外事管理
体制机制的重要举措，有利于统筹各领域、各层次的
外事资源，形成外事工作的合力，提高外事工作的效
能，为实现"两个一百年"奋斗目标、实现中华民族
伟大复兴的中国梦作出更大贡献。

三、加强外事管理规章制度建设，从严管理外事工作

党的十八大以来，适应全面依法治国及开创高水
平的外事工作新局面的要求，党中央加强外事管理的
规范化建设，着眼于内外兼顾，通盘筹划，出台了一
系列规章制度，对外事工作进行规范，用制度管外事，
有力地改进了党中央对外事工作的集中统一领导和统
筹协调，将规范出访纳入中央八项规定的要求。此后，

---

① 《习近平主持召开中央外事工作委员会第一次会议强调　加强党中央对外事工作的集中统一领导　努力开创中国特色大国外交新局面》，《人民日报》2018年5月16日，第1版。

中共中央、国务院印发了一系列文件，适时调整行政机关工作人员、教学科研人员因公临时出国政策，不断规范因公出国的相关程序。2017 年 2 月，中央全面深化改革领导小组第三十二次会议通过了《关于加强党对地方外事工作领导体制改革的实施意见》，进一步明确地方党委对本地区外事工作的主体责任，完善省以下地方党委对外事工作的领导和工作体制。通过一系列规定，中央把党对外事工作的集中统一领导贯彻到外事管理的方方面面。与此同时，中央外办、外交部根据中央指示精神，制定完善全国性外事管理规定，严格审核把关，加强事前、事中、事后的监督检查，将党对外事工作的领导不折不扣地落到实处。

思考题

1. 如何理解党的领导是外事工作的生命线？

2. 在不同的历史时期，党对外事工作的领导有何特点？

3. 党的十八大以来，党如何加强对外事工作的集中统一领导？

第三章 外事管理的依据与基本原则

外事管理关乎国家外交政策的实施，国家利益的实现以及国家形象的维护，是一项政策性、专业性非常强的工作，必须依法依规管理，同时必须遵循特定的原则。

第一节 外事管理的依据

外事管理是一种特殊的行政管理，由于其工作对象主要是外国政府、组织、团体及个人。因此，除了要依照国家法律法规、党内法规进行管理，还要遵循国际法和国际惯例。

一、涉外法律

外事管理是一种宏观的行政管理，必须依法进行。依法行政是依法治国基本方略的重要内容，外事管理部门必须依据《中华人民共和国宪法》和法律赋予的职责权限，在法律规定的职权范围内，指导、规范和处理涉外领域的各项事务。

涉外法律是国家法律体系的重要组成部分，从外事管理实践来看，涉外法律包括涉外法律、法规、规章和相关的规范性文件等。从法律的来源划分，我国涉外法律体系主要包括国内法、国际法及我国与其他国家签订的双边条约和协定。

国内法是外事管理的主要法律依据。《中华人民共和国宪法》第十八条和第三十二条明确规定："在中国境内的外国企业和其他外国经济组织以及中外合资经营的企业，都必须遵守中华人民共和国的法律。它们的合法权利和利益受中华人民共和国法律的保护。""中华人民共和国保护在中国境内的外国人的合法权利和利益，在中国境内的外国人必须遵守中华人民共和国的法律。"根据国际法属地优越权的原则，除了《中

华人民共和国兵役法》《中华人民共和国全国人民代表
大会和地方各级人民代表大会选举法》等只适用于中
国公民之外，大多数国内法都适用于在我国境内的外
国组织和外国人。其中大量的是既适用于中国人也适
用于外国人的法律，如《中华人民共和国国境卫生检
疫法》《中华人民共和国国家安全法》等，也有专门
针对外国组织和外国人的法律，如《中华人民共和国
外国人入境出境管理法》《中华人民共和国外国常驻新
闻机构和外国记者采访条例》等。

我国涉外法律体系建设始于 1949 年中华人民共和
国成立，但在改革开放之前，由于种种原因，涉外法
律法规种类不全，数量不多，内容单一，条文也较为
模糊笼统，主要侧重于外事行政方面的规范，而在经
济法、社会法和刑法等重要法律当中则鲜有涉外条款。
而在外事行政法当中，又主要以边防和出入境管理、
海关管理为主，数量不多。查阅《中华人民共和国涉
外法律汇编（1949—1990）》，1978 年之前颁布实施
的涉外法律不足 100 件。[①] 这基本上反映了当时我国对
外交往的实际情况及法制不健全的具体国情。

---

① 国务院法制局编《中华人民共和国涉外法律汇编（1949—1990）》，中
国法制出版社，1991。

1978 年之后，为了适应改革开放和法制建设的实际需要，我国加强立法工作，开始建设具有中国特色的社会主义涉外法律体系。这一时期的涉外法律不仅在数量上有了极大的增长，而且分类更为细化，条文也更为具体可行，一大批适应对外开放的涉外法律法规开始颁布实施。例如《外交部关于参加外事活动着装问题的几点规定》（1983 年）、《中华人民共和国公民出境入境管理法》和《中华人民共和国外国人入境出境管理法》（1985 年）、《中华人民共和国外交特权与豁免条例》（1986 年）、《中华人民共和国公民出境入境管理法实施细则》、《中华人民共和国外国人入境出境管理法实施细则》（1986 年）、《中华人民共和国国境卫生检疫法》（1986 年）、《中华人民共和国外资企业法》（1986 年）、《中华人民共和国海关法》（1987 年）、《中华人民共和国中外合作经营企业法》（1988 年）、《中华人民共和国进出口商品检验法》（1989 年）、《中华人民共和国领事特权与豁免条例》（1990 年）、《中华人民共和国归侨侨眷权益保护法》、《外国记者和外国新闻常驻机构管理条例》（1990 年）、《中华人民共和国国家安全法》（1993 年）、《中华人民共和国反不正当竞争法》（1993 年）、《中华人民共和国对外贸易法》（1994 年）、《中华人民共和国外汇管理条例》（1996 年）等。尽管后来这些法律法规随着形势的发展或被修改，或被新法取代，但在其实施期间，对外事管理部门实施外事管理发挥了至关重要的指导与规范作用。

20 世纪 90 年代末，随着入世谈判的进行，为了满足世界贸易组织的要求，使得国内法与世界贸易组织的规则保持一致，我国开始了新一轮涉外法律法规的"立、改、废"工作。全国人大相继制定了《中华人民共和国合同法》《中华人民共和国个人独资企业法》等法律，修改了《中华人民共和国外商投资企业法》《中华人民共和国知识产权法》等法律。2001 年 10 月，国务院发布《关于废止 2000 年底以前发布的部分行政法规的决定》（国务院令第 319 号）。根据此决定，国务院对 2000 年底以前出台的 756 件行政法规进行全面的清理，宣布其中的 221 件行政法规废止或失效，[①]确定最终需要修改或废止的部门规章 1 000 多件。与此同时，最高人民法院和最高人民法院的司法解释清理工程已全面铺开，最高人民法院一次性清理了 1226 件

---

① 《国务院关于废止 2000 年底以前发布的部分行政法规的决定》，《司法业务文选》2001 年第 3 期。

（次）司法解释。① 此外，2007 年，外交部发布《关于部机关干部职工参加外事活动着装和仪表的规定》，全国人大常委会通过《中华人民共和国反垄断法》。2009年 8 月，全国人大常委会通过《中华人民共和国驻外外交人员法》。2012 年 6 月，全国人大常委会通过了《中华人民共和国出境入境管理法》，自 2013 年 7 月 1日起施行，《中华人民共和国外国人入境出境管理法》和《中华人民共和国公民出境入境管理法》同时废止。2013 年 7 月 3 日，国务院公布《中华人民共和国外国人入境出境管理条例》，自 2013 年 9 月 1 日起施行。2014 年 11 月，全国人大常委会通过《中华人民共和国反间谍法》。2015 年 12 月，全国人大常委会通过《中华人民共和国反恐怖主义法》。2016 年 11 月，全国人大常委会通过《中华人民共和国网络安全法》，为维护网络空间安全和秩序、保障国家安全和发展提供法律依据。2016 年 4 月，全国人大常委会通过《中华人民共和国境外非政府组织境内活动管理法》，于 2017 年 1月 1 日起施行；2017 年 11 月，全国人大常委会对其进

---

① 《为入世做准备，高法已清理司法解释 1226 件》，人民网，2001 年 11 月22 日。

行了修改。2017 年 6 月，全国人大常委会通过了《中华人民共和国国家情报法》。

2018 年 10 月，全国人大常委会通过了《中华人民共和国国际刑事司法协助法》，保障国际刑事司法协助的正常进行，加强刑事司法领域的国际合作。为进一步扩大开放，积极促进外商投资，2019 年 3 月，第十三届全国人民代表大会第二次会议通过了《中华人民共和国外商投资法》。2020 年 6 月，全国人大常委会通过了《中华人民共和国香港特别行政区维护国家安全法》，为香港依法维护国家安全提供了坚强支撑。10 月，全国人大常委会通过了《中华人民共和国出口管制法》，履行防扩散等国际义务，加强和规范出口管制，维护国家安全和利益。2021 年 1 月，全国人大常委会通过了《中华人民共和国海警法》，规范和保障海警机构履行职责，维护国家主权、安全和海洋权益。4 月，全国人大常委会修订了 1983 年颁布实施的《中华人民共和国海上交通安全法》，在新形势下加强海上交通管理，维护国家权益。6 月，全国人大常委会通过了《中华人民共和国反外国制裁法》，为反制其他国家对我国进行遏制、打压，对我国公民、组织采取歧视性限制措施，干涉我国内政的行为提供了法律依据。10

月，全国人大常委会通过了《中华人民共和国陆地国界法》，规范和加强陆地国界工作，保障陆地国界及边境的安全稳定，维护国家主权、安全和领土完整。2023 年 9 月，全国人大常委会通过《中华人民共和国国家豁免法》，明确中国法院对涉及外国国家及其财产民事安全的管辖，有助于更好地维护国家主权平等和国家利益。

值得指出的是，2023 年 6 月，全国人大常委会通过了《中华人民共和国对外关系法》，自 2023 年 7 月 1 日起施行。《对外关系法》是新中国成立以来首部集中阐述我国对外工作大政方针、原则立场和制度体系，对我国发展对外关系做出总体规定的基础性、综合性涉外法律。制定《对外关系法》，是对外关系领域深入贯彻习近平新时代中国特色社会主义思想，特别是习近平外交思想和习近平法治思想，全面落实党的二十大精神，坚持全面依法治国，坚持统筹推进国内法治和涉外法治，提高对外工作法治化水平的重要成果，也是加快涉外法治工作整体布局，完善涉外法治体系建设，增强涉外立法的系统性、整体性、协同性的重大举措。作为我国长期坚持的外交政策和理念实践的系统集成，《对外关系法》明确了发展对外关系的指导思想，确定了发展对外关系的基本原则，载明了发展对外关系的目标任务，确立了发展对外关系的制度，强化了发展对外关系的能力建设和保障。它的颁布实施，是我国涉外法治体系建设的重要里程碑，为新征程中国特色大国外交提供了坚强法治保障。[①]

据粗略统计，我国现有有效的涉外法律法规 1 206 件，除综合性规定外，主要包括国籍、外交特权与豁免、外国人入境出境、外国人境内旅行、留学生婚姻登记、外事活动、外国专家、涉外案件处理等种类。[②]在实践中，由于全球化的深入发展，资本、商品和人员的全球流动，很多法律法规都带有涉外条款，也都是涉外法律法规体系的组成部分。

国际法是一个特殊的法律体系，指国家之间通过协议形成的，或者在国际交往中各国公认的，调整国与国之间关系的所有规范的总和，其主要渊源是条约和国际惯例。各国为了维护本国和人类共同体的利益，大都愿意遵守国际法的基本原则，遵守本国所参加的国家公约和世界公认的国际惯例。关于国际法的国内

[①]　王毅：《贯彻对外关系法，为新时代中国特色大国外交提供坚强法治保障》，《人民日报》2023 年 6 月 29 日，第 6 版。

[②]　北大法宝，https://www.pkulaw.com/。

适用，各国在实践中一般采取并入和转化两种方式，前者指通过国内立法或其他方法明确规定国际法在国内可以适用，后者指国际法只能通过国内立法机关制定为国内法后才能在国内适用。① 我国在实践中兼采两种方式。我国许多单行法律中都有"中华人民共和国缔结或者参加的国际条约同本法有不同规定的，适用国际条约的规定，但中华人民共和国声明保留的条款除外"的条款，② 这属于并入的方式。转化的方式有两种情况，一种情况是在批准或加入某条约之前先进行国内立法，以满足条约的要求，或对国内法进行修改，以尽量避免国内法与条约发生冲突。另一种情况是先批准或加入条约，再立法。如中国分别于 1975 年和 1979 年加入了《维也纳外交关系公约》和《维也纳领事关系公约》，两个公约直接在国内适用。之后，中国又分别于 1986 年和 1990 年制定了《中华人民共和国外交特权与豁免条例》和《中华人民共和国领事特权与豁免条例》，根据中国的国情对两个公约的个别条款作了变通规定，两个条例均有"中国缔结或者参加的

---

① 贾兵兵：《国际公法：和平时期的解释与适用》，清华大学出版社，2015，第189页。

② 例如，《国境卫生检疫法》第24条、《海洋环境保护法》第96条、《水法》第78条等。

国际条约另有规定的，按照国际条约的规定办理，但中国声明保留的条款除外”的规定。这表明，两个公约可在中国直接适用。

由此可见，国际法也是一个国家法律体系的组成部分，外事管理主要处理对外事务，因此，国际法理所当然成为外事管理的重要依据。2014 年，时任外交部长的王毅指出：“坚持国际法治是新中国一贯的外交实践。”“截至 2014 年 10 月，我国已缔结了 23 000 多项双边条约，加入了 400 多项多边条约，参与了几乎所有政府间国际组织，按照‘条约必须信守’原则不折不扣地履行条约义务，严肃对待国际责任。”[①]

二、党内法规

中国共产党的领导是中国特色社会主义最本质的特征，党的十八届四中全会指出：“党内法规不仅是管党治党的重要依据，也是建设社会主义法治国家的有力保障”，这表明，党内法规体系建设不仅是中国共产党加强党的建设的重要方式，而且也是建设社会主义

---

① 王毅：《中国是国际法治的坚定维护者和建设者》，《光明日报》2014 年 10 月 24 日，第 2 版。

法治国家的根本保障，依照党内法规全面从严治党与依照国家法律全面依法治国成为实现国家治理现代化的两条主线。

党内法规历来是党建工作的核心，是管党治党、从严治党的制度依据，中国共产党纪律严明，高度重视党内法规建设。从字面上看，党内法规的效力应该限定在中国共产党组织及党员内。但中国共产党在国家政治生活中占有特殊的地位，中国共产党不但是执政党，更是领导党；不但领导自身，而且还领导政权机关，领导民主党派，领导社会。在这种情况下，党的建设事项与特定领域内的国家事务密切相关，例如，《中国共产党统一战线工作条例（试行）》第八条明确规定：中央和地方各级党委开展统一战线工作的主要职责包括加强对人大、政府、政协、司法机关、有关人民团体、企事业单位等统一战线工作的领导，发现、培养、使用、管理党外代表人士。这充分说明，党的统一战线工作需要得到人大、政府、司法机关等国家机关、政协、人民团体等部门及党外人士的配合和支持，否则很难开展并取得成效。由此可见，党内法规在规范内容和对象上必然会直接涉及党外组织和党外人士。在中国特有的党政体制下，中国共产党和政府都在对国家事务进行管理，尽管职能范围和方式不同，但党政管辖的事务常有交叉是个不争的事实。这些既涉及党务又涉及政务的事务，就不宜以单纯的党内法规或国家法律进行调整规范，党政联合制定规范就成为一个必然的选择，也体现出中国党政体制的优越性。混合性党规是中国特色社会主义法治体系的重要组成部分，据统计，在公务员管理领域的 61 部制度文本中，混合性党规有 30 部，约占 49.2%。[①] 因此，在中国特色的外事管理中，党内法规也成为外事法治的重要组成部分，在外事管理活动中发挥着重要的规范和保障作用。

中华人民共和国成立特别是改革开放以来，为加强党的建设，中国共产党制定了大量党内法规和规范性文件，对规范党组织工作、活动和党员行为，凝聚党员队伍、增强党的战斗力发挥了重要作用。党的十八大以来，以习近平同志为核心的党中央更加重视制度建设，出台了一批标志性的党内法规，用党内法规管党、治党，同时开展集中清理中华人民共和国成立以来党内法规和规范性文件的工作，解决党内法规制

---

① 欧爱民：《党内法规与国家法律关系论》，社会科学文献出版社，2018，第 193 页。

度中存在的不适应、不协调、不衔接、不一致的问题。经过清理，截至 2016 年 12 月，1949 年 10 月至 2016 年 6 月出台的，清理后继续有效并向社会公开的党内法规和规范性文件，以及 2016 年 7—12 月出台的，现行有效并向社会公开的党内法规和规范性文件共 260 件。① 中央办公厅法规局将这 260 件法规和规范性文件集合成册，形成《中共党内法规和规范性文件汇编（1949 年 10 月至 2016 年 12 月）》，汇编根据 2016 年 12 月《中共中央关于加强党内法规制度建设的意见》确立的"1+4"党内法规制度体系的基本框架，即在党章之下分为党的组织法规制度、党的领导法规制度、党的自身建设法规制度、党的监督保障法规制度等四大类。汇编中收录有关外事工作的有两项，一是 2009 年 2 月 20 日的《中共中央办公厅、国务院办公厅关于坚决制止公款出国（境）旅游的通知》，二是 1993 年 12 月 16 日的《中共中央办公厅、国务院办公厅关于认真贯彻执行〈国务院关于在对外公务活动中赠送和接受礼品的决定〉的通知》。

总体上看，党内法规主要集中在党的领导、党的

---

① 中共中央办公厅法规局：《中共党内法规和规范性文件汇编（1949 年 10 月—2016 年 12 月）》（上、下册），法律出版社，2017。

组织、党的自身建设、党的监督保障等方面，对外事工作侧重于宏观指导，提出外事工作的理念和原则用以指导外事实践。由于外事法规多为涉密文件，公开范围有限。据不完全统计，专门针对外事工作提出的党内法规和规范性文件多集中在对党政干部的因公临时出国、邀请重要外宾来华参加重要国际会议等事项的管理方面。

1981 年 9 月，中央组织部颁布规定，对党员因私出国（境）的审批手续、出国（境）后及回国后的组织关系等相关问题作了规范。1985 年，中共中央、国务院颁布《〈关于派遣临时出国人员和邀请国外人员来华审批权限的规定〉的通知》，通知明确提出归口管理、分级审批的原则，强调重大对外交往分别由国务院和中央外事工作领导小组直接审批和管理，同时适度扩大了归口部门和地方的权限。1991 年 8 月，中共中央办公厅、国务院办公厅转发中共中央组织部、人事部关于规范因公出国的相关规定，明确因公出国审查工作为经济建设服务的指导思想，调整了审批权限，简化了审批手续，修改了因公出国人员的条件。同年，中共中央办公厅、国务院办公厅就进一步加强外事工作的领导和管理发出通知，强调外交大权在中央，执行对外政策必须高度统一。1993 年 11 月，中共中央办公厅、国务院办公厅转发中共中央组织部、人事部关于因公出国人员审查的补充规定，对部分干部简化了审批程序，下放了部分审批权限，以适应我国改革开放和对外交往迅速发展的需要。1999 年 6 月，中共中央办公厅、国务院办公厅发布通知，转发《中央纪律检查委员会、中央组织部、中央外事工作领导小组办公室、人事部、外交部、公安部、国家安全部、监察部、国务院港澳事务办公室关于加强党政机关县（处）级以上领导干部出国（境）管理工作的意见》，在对外交往日益增多，出国（境）人员大量增加的背景下，提出加强对县（处）级以上干部出国（境）的管理，严格审批程序，加强对护照和出国（境）证件的管理，严查违法违纪行为。2000 年，中共中央、国务院发布《关于印发〈关于全国外事管理工作的若干规定〉的通知》，重申外交大权在中央，外事工作授权有限，文件对外事事项的归口审批和管理以及审批办法、因公临时出国的管理原则和办法、驻外机构管理等方面作了具体规定。2003 年 1 月，中央组织部、公安部、人事部印发《中共中央组织部、中共中央金融工作委员会、中共中央企业工作委员会、公安部、人事部关于加强国家工作人员因私事出国（境）管理的暂行规定》，重申加强对县（处）级以上干部因私出国（境）的管理。2004 年 12 月，中央颁布《中共中央纪委、中共中央组织部、外交部、公安部、国家安全部、监察部、人事部、商务部关于进一步加强党员干部出国（境）管理的通知》，对党员干部因公出国（境）、因私出国（境）、证照管理、加强监督等方面提出了具体要求。2008 年 3 月，中共中央办公厅、国务院办公厅颁布《关于进一步加强因公出国（境）管理的若干规定》，强调各级党委和政府加强对因公出国（境）管理工作的统一领导，就因公出国（境）的计划报批、审批规范、培训、预算管理等作出具体规定。2010 年 5 月，中共中央办公厅、国务院办公厅印发《关于对配偶子女均已移居国（境）外的国家工作人员加强管理的暂行规定》，对配偶、子女移居国（境）外的工作人员的范围、报告事项、遇到利益冲突时的回避事项、证照管理等问题做了规定。2012 年，中共中央办公厅、国务院办公厅转发中央纪委等部门关于因公出国人员审批的管理规定，严格因公出国（境）的审批，限制"三公"消费。2014 年，中组部颁布通知，加强对领导干部出国（境）管理的监督，就领导干部出国

(境) 提出了严格审查、加强证件管理、强化日常监督及加强协作配合与信息沟通等具体措施。2018 年 5 月 15 日，中央外事工作委员会第一次会议通过了《中央外事工作委员会工作规则》。2023 年 11 月 27 日，中共中央总书记习近平主持召开中共中央政治局会议，会议审议了《中国共产党领导外事工作条例》。在加强党的集中统一领导和依法治国的新形势下，《中国共产党领导外事工作条例》对党领导外事工作作出规定，把党长期以来领导外事工作的思路理念、体制机制和成功实践转化为制度成果。《中国共产党领导外事工作条例》是进一步加强党中央对外事工作集中统一领导的重要举措，也是形成系统完备的涉外法律法规体系，不断提升外事工作制度化、规范化和科学化水平的重要步骤，对于确保党中央对外大政方针和战略部署得到有力贯彻执行具有重要意义。[①]

党的十八大之后，我国进入全面建成小康社会的决胜阶段。随着国际人才竞争加剧，中国采取了更加积极主动、灵活务实的态度从世界各国广揽人才，实行了外国人永久居留制度，并颁发了一系列法规，为

---

① 《中共中央政治局召开会议》，《人民日报》2023 年 11 月 28 日，第 1 版。

人才创造更便利的条件和更为良好的环境。2012 年 12 月，中央组织部、人力资源和社会保障部、公安部等 25 个部门联合下发《外国人在中国永久居留享有相关待遇的办法》，规定持有外国人在中国永久居留证的外籍人员除政治权利和法律法规规定不可享有的特定权利和义务外，原则上和中国公民享有相同权利，承担相同义务。同年，中央组织部、人力资源和社会保障部等五部门印发《关于为外籍高层次人才来华提供签证及居留便利有关问题的通知》。2016 年 2 月 18 日，中共中央办公厅、国务院办公厅印发了《关于加强外国人永久居留服务管理的意见》。这些法规在吸引优秀人才、服务国家人才战略方面发挥了重要作用。

2017 年 6 月 25 日，中共中央印发《关于加强党内法规制度建设的意见》，按照党中央关于全面从严治党、依规治党的重大决策部署，对在新形势下加强党内法规制度建设作出统筹部署。《关于加强党内法规制度建设的意见》指出：加强党内法规制度建设，是全面从严治党、依规治党的必然要求，是建设中国特色社会主义法治体系的重要内容，是推进国家治理体系和治理能力现代化的重要保障，事关党长期执政和国家长治久安。在庆祝中国共产党成立 100 周年大会上，习近平总书记指出，我们已经"形成比较完善的党内法规体系"，^① 同时形成了高效的党内法规制度实施体系，有力的党内法规制度建设保障体系，党依据党内法规管党治党的能力和水平显著提高。^② 党的二十大报告提出了"以党章为根本，以民主集中制为核心，完善党内法规制度体系，增强党内法规权威性和执行力"的目标。2023 年 10 月，中共中央印发《中央党内法规制定工作规划纲要（2023—2027 年）》。在通知中，中央强调要坚持系统观念，推动党内法规立项、起草、审核、审议批准、解释、备案审查、清理、督促落实、宣传教育、理论研究等各项工作得到全面加强改进，不断完善内容科学、程序严密、配套完备、运行有效的党内法规体系。党内法规属于中国特色社会主义法治体系的重要组成部分，是外事管理工作的重要依据。

三、外事纪律

外事纪律是党和国家为保障对外政策的实施和涉

---

① 《在庆祝中国共产党成立一百周年大会上的讲话》，《习近平谈治国理政》（第四卷），外文出版社，2022，第 6 页。
② 《中共中央印发〈关于加强党内法规制度建设的意见〉》，共产党员网，2017 年 6 月 25 日，http://news.12371.cn/2017/06/25/ARTI1498388905892459.shtml。

外活动的顺利进行而制定的，要求所有外事单位和外事人员在外事活动中必须遵守的行为规则。它是党和国家关于外事活动的一系列原则、方针和政策的具体化，是所有外事人员必须严格遵守的行为规范，是各项涉外活动顺利进行的可靠保证。

外事纪律是党和国家为正确处理与其他政党、国家和地区的关系而制定的纪律规范，一般来说，外事纪律规范的对象主要是涉外单位和涉外人员。但随着对外开放的深入发展，参与涉外活动的机构和人员越来越多。任何人，只要参与外事活动，就应当受到外事纪律的约束和规范，自觉遵守外事纪律，不得违背有关的规定和要求。外事纪律的内容十分广泛，外事活动涉及政治、经济、文化、军事、卫生等方面，相应地，外事纪律也涉及多方面的内容，包括政治纪律、组织纪律、工作纪律、保密纪律、廉洁纪律、生活纪律等方方面面。外事纪律通常涉及国家、涉外机构和人员以及外方三方之间的利益关系，调整的涉外利益关系数量多，性质复杂。因此，外事人员必须本着个人利益服从集体利益和国家利益，尊重外方利益和平等原则来处理外事工作。

改革开放以来，我国的对外交往日益广泛，为保证外事活动的顺利进行，党和国家专门制定了一系列规范外事活动的法律法规，这些法律法规从不同的方面，以不同的方式，对外事单位和外事人员从事涉外活动的行为进行规范。这些法律法规主要包括：1981年10月20日，国务院发布《涉外人员守则》，随着形势的发展，1992年进行了修订，发布了新的《涉外人员守则》，对所有涉外人员规定了十条外事纪律。1988年5月，中央纪律检查委员会颁布《共产党员在涉外活动中违犯纪律党纪处分的暂行规定》，明确规定了共产党员在涉外活动中的违纪行为及其党纪处分。2003年，中共中央颁布《中国共产党纪律处分条例》，专门对违反党的外事纪律的行为，从各方面作了严肃的纪律处分规定。因此，《共产党员在涉外活动中违犯纪律党纪处分的暂行规定》不再适用。随着形势的发展，中共中央在总结实践经验的基础上，不断与时俱进完善纪律规范，分别于2015年、2018年和2023年对《中国共产党纪律处分条例》进行了修订，规定更为细致，也更为合理，进一步扎紧织密制度笼子，为全面加强党的纪律建设提供了重要遵循。1988年9月，第七届全国人民代表大会常务委员会第三次会议通过了《中华人民共和国保守国家秘密法》，1990年，国务院颁布实施《中华人民共和国保守国家秘密法实施办法》。1993年，国务院发布《关于在对外公务活动中赠送和接受礼品的规定》，对在涉外公务活动中收受的礼品、礼品的金额、如何处置都作了细致的规定。2010年4月，第十一届全国人民代表大会常务委员会第十四次会议对之前的国家保密法进行了修订，颁布了新的《中华人民共和国保守国家秘密法》，2014年，国务院颁布了修订后的《中华人民共和国保守国家秘密法实施条例》。2024年2月，第十四届全国人民代表大会常务委员会第八次会议表决通过新修订的《中华人民共和国保守国家秘密法》，7月，国务院颁布新修订的《中华人民共和国保守国家秘密法实施条例》。

　　《中华人民共和国保守国家秘密法》强调坚持党对保密工作的领导，完善党管保密的领导体制，明确中央保密工作领导机构领导全国保密工作，研究制定、指导实施国家保密工作战略和重大方针政策，统筹协调国家保密重大事项和重要工作，推进国家保密法治建设。明确了国家秘密受法律保护的基本原则，任何危害国家秘密安全的行为都必须受到法律追究。明确保密主体，即一切国家机关和武装力量、各政党和各人民团体、企业事业组织和其他社会组织以及公民都有保密的义务；明确国家秘密事项，规定涉及国家安全和利益的事项，泄露后可能损害国家在政治、经济、国防、外交等领域的安全和利益的，应当确定为国家秘密，并将电子文件纳入国家秘密的介质范畴，实现了保密主体、保密事项和涉外载体全覆盖。

在开放不断扩大，涉外事务日益增多，涉外内容更加广泛，同时大国博弈日益激烈的背景下，严守外事纪律的重要性日益凸显。上述法律法规为严肃外事工作纪律，维护党和国家的荣誉，维护国家主权、安全和发展利益，提供了制度保证。

保密法明确规定国家秘密受法律保护的原则，任何危害国家秘密安全的行为都必须受到法律追究，明确了保密的主体为国家机关、武装力量、政党、社会团体、企业事业单位和公民，上述主体都有保守国家秘密的义务，对国家秘密事项作了明确的规定，并规定了禁止行为及违法行为的处罚措施。在开放不断扩大，涉外事务日益增多，涉外内容更加广泛的背景下，严守外事纪律也凸显了重要性。上述法律法规，为严肃外事工作纪律，维护党和国家的荣誉和利益，提供了制度保证。

《中国共产党纪律处分条例》把党章、党中央的纪律要求以及其他党内法规的纪律规定，整合为政治纪律、组织纪律、廉洁纪律、群众纪律、工作纪律和生活纪律等六项纪律，结合外事工作的具体情况，可以把外事纪律分为政治纪律、组织纪律、廉洁纪律、工作纪律和生活纪律。可以说，所有的党纪国法，都是外事人员在工作中必须遵循的行为准则，由于外事工作的特殊性，对外事人员在涉外活动中增加了不同于内务的纪律要求，如保密纪律。根据《保守国家秘密法》《中国共产党纪律处分条例》《涉外人员守则》等相关法律法规的规定，外事人员必须严守下列纪律。

第一，严守政治纪律，在重大问题上与党中央保持一致。外事工作关乎国家利益，外事无小事，"我们说一句话，做一件事，都可能影响战斗，必须有严格的纪律。一切都要事先请示、商讨，批准后再做，做完后要报告，这一点很重要。"① 这就要求外事人员在办理涉外事务时，忠于祖国，忠于人民，坚决维护国家主权和民族尊严，一切言行都要与党中央保持高度一致，严格按党的方针和国家外交政策办事，重要的情况、问题以及重大的活动都必须按照组织的要求和

① 中华人民共和国外交部、中共中央文献研究室：《周恩来外交文选》，中央文献出版社，1990，第7页。

规定进行处理。在涉外活动中，不得有损害党和国家尊严、利益的言行，不说不利于祖国的话，不做有损国格、人格的事。对外表态要按照中央统一口径，不得发表与中央政策不一致的言论，更不允许公开发表反对党和政府的文章、演说、宣言、声明，不得携带有违党纪国法的书刊、音像制品、电子读物等出入境。在国（境）外、外国驻华使（领）馆申请政治避难，或者违纪后逃往国（境）外、外国驻华使（领）馆的，给予开除党籍处分。

第二，严守组织纪律，强化组织观念。组织纪律是维护组织团结统一的法宝，也是提高外事执行力的重要保证。这就要求外事人员加强组织观念，坚决执行党和国家的方针政策，自觉遵守法律法规和外事纪律。外事工作历来要求高度集中，外事人员的一切言行都代表组织，不得掺杂个人的想法和态度。外事工作人员必须时刻依靠组织，在组织的领导和监督下工作。在处理涉及多方的涉外事务时，各外事单位和人员应以国家利益为重，顾全大局，协调配合。严格请示报告制度；不得越权擅自做主处理涉外事宜，"不允许先斩后奏，更不允许斩而不奏"。[①] 外事人员不得有下列行为：违反有关规定办理因私出国（境）证件、前往港澳通行证，或者未经批准出入国（边）境；在驻外时期或者临时出国（境）时擅自脱离组织，故意为他人脱离组织出走提供方便条件；违反有关规定取得外国国籍或者获取国（境）外永久居留资格、长期居留许可；同外国机构和外国人私自交往；参加境外或有境外背景的组织；出入与国家公职人员身份不相符的场所。

第三，严守廉洁纪律，保持清正本色。廉洁纪律是外事人员在从事涉外活动中应当遵守的廉洁用权的行为规则，是实现干部清正，政府清廉的重要保障。外事人员的主要工作是对外交往，一旦贪污腐化，不仅给工作带来麻烦，而且会损害国家利益和国家形象。因此，外事人员必须严守廉洁纪律，勤俭节约，廉洁奉公，坚决反对在外事活动中讲排场、摆阔气、铺张浪费，反对形式主义作风。周恩来同志就曾经说过："友谊重在精神，而不在物质，更不在排场。"在外事工作中分清公私界限，严格遵守财务制度，按照出国

---

① 尚山：《周恩来与外交队伍建设》，《外交学院学报》1998 年第 3 期。

经费规定使用外汇，不得挪用、超支、多报、重报外事经费，或把应当上缴的经费中饱私囊。在涉外活动中不谋求任何私利和特权，严格执行在对外交往中授受礼品的相关规定，不利用职权和工作关系营私谋利；不得违反国家规定收受各种名义的回扣归个人所有，严禁索贿受贿，不得以考察、学习、培训、研讨、招商、参展等名义变相使用公款出国（境）旅游。

第四，严守工作纪律，忠于职守，尽职尽责。工作纪律是外事人员在各项具体工作中必须遵守的行为规则，是外事工作正常开展的重要保证。外事人员处在对外交往第一线，一举一动、一言一行关乎国家形象，因此，外事人员在工作中要坚决执行党和国家的方针政策，严格按章办事，认真对待每一件工作，热心接待每一个团组。在对外交往中讲究文明礼貌，注意服饰仪容，待人接物谦虚谨慎，不卑不亢，既要热情友好，以礼相待，又要按章办事，不徇私情。不得以不正当方式谋求本人或者其他人用公款出国（境），未经批准，不得擅自延长在国（境）外期限或者擅自变更路线；在出国期间，遵守驻在国家和地区的法律、法令及宗教习俗；不同境外机构和人员私自往来，不私自参加境外或有境外背景的组织，不得出入与国家公职人员身份不相符的场所。

第五，强化保密意识，严守保密纪律。内外有别，保密工作是党和国家的一项特别重要的工作，直接关系到国家安全和国家利益。当今世界各国之间的情报战十分尖锐、复杂，改革开放后的中国引起了全世界的关注，中国成为世界情报战的主要战场之一，敌对势力千方百计利用各种方式公开或隐蔽地搜集我国的政治、经济、军事等方面的情报。因此，保密纪律是如何强调都不为过的外事纪律。外事人员必须强化保密意识，严守保密纪律，在行动上严格执行党和国家的各种保密规定。党、政、军领导机关召开的重要会议，均应采取严格的保密措施。禁止非法复制、记录、存储国家秘密，禁止在私人交往和通信中涉及国家秘密。不得非法获取、持有、买卖、转送或者私自销毁国家秘密载体。在对外交往中，不得介绍或展示涉及国家秘密的相关资料；外国友人提出要前往控制开放或非开放区的要求，必须按照要求办理报批手续；不得在外国人房间或其他涉外场合讨论内部事务；严禁使用明码电报答复密码电报涉及的事宜；不得携带机密文件、材料出国，如确有需要，必须事先履行报批程序，并指定专人负责保管或寄存驻外使领馆处。在信息技术飞速发展的今天，境外情报人员获取秘密的途径，主要还是采用先进信息技术窃密，诸如电话窃听、微波窃听、手机窃听、黑客攻击、木马种植等。为此，外事人员要增强防范意识，严格按照保密法律法规的要求规范外事工作，并采取各种有效措施防止失密。例如不要使用他人赠送的手机，不要打开不明邮件，严禁将涉密计算机、涉密存储设备接入互联网及其他公共信息网络；在未采取防护措施的情况下，不得在涉密信息系统与互联网及其他公共信息网络之间进行信息交换；不得擅自卸载、修改涉密信息系统的安全技术程序、管理程序；不得将未经安全技术处理的退出使用的涉密计算机、涉密存储设备赠送、出售、丢弃或者改作其他用途，必须作物理销毁。

第二节　外事管理的基本原则

外事工作是党和国家的一项重要工作，在促进国家现代化建设和维护国家主权、安全、经济利益方面具有十分重要的作用。因此，对外事工作的管理，政策性非常强，必须遵循特定的原则。

一、坚持外交大权在党中央

中国共产党是中国的最高政治领导力量，"党政军民学、东西南北中，党是领导一切的"，中国共产党的领导是中国特色社会主义大国外交的最大特色和最大优势。

党的集中统一领导是党在战争年代中逐步确立的一项基本原则，表现在外交领域，就是党管外交。中华人民共和国成立后，为了加强中央对外交工作的领导，1958 年 6 月，成立中央外事小组，负责领导包括政治、经济、文化、科技等各领域的外事工作。毛泽东指出："这些小组是党中央的，直隶中央政治局和书记处，向它们直接作报告。大政方针在政治局，具体部署在书记处。"在中华人民共和国成立初期严峻的国内外形势下，外事工作关乎全局，中央对外交给予高度重视，强调"外事无小事"，外事工作授权有限。

在新的历史时期，办好中国的事情，关键在党。同样，做好新时代的外事工作，关键也在党，党的领导是外事工作的生命线。2018 年 6 月 22 日至 23 日，中央外事工作会议在北京召开。在中国特色社会主义进入新时代，全面决胜小康社会的关键时刻，中共中央总书记习近平在总结党的十八大以来外交外事工作经验，深刻洞察国内外形势的基础上，在会上发表重要讲话强调："外交是国家意志的集中体现，必须坚持外交大权在党中央。要增强政治意识、大局意识、核心意识、看齐意识，坚决维护党中央权威和集中统一领导，自觉在思想上政治上行动上同党中央保持高度一致。"①

党中央的领导是中国特色大国外交取得历史性成就的保证。党的十八大以来，面对国际格局深刻调整、国际形势错综复杂的新局面，以习近平同志为核心的党中央，"准确把握世界格局变化和中国发展大势，着眼长远和战略全局，在保持外交大政方针延续性和稳定性的基础上，统筹国内国际两个大局，审时度势，开拓进取"，以维护国家核心利益为中心，加强外交工作的顶层设计、策略运筹和底线思维，强调统筹协调，通盘谋划，全面推进外交理论和实践创新：提出构建中美新型大国关系，同时积极运筹与其他主要大国关系；提出亲诚惠容理念，全力稳定和拓展周边睦邻友

①《习近平系统阐述新时代中国特色社会主义外交思想》，《人民日报海外版》2018年6月25日，第1版。

好关系；提出坚持正确义利观，大力加强与发展中国家友好合作；倡导多边主义，深入参与和引导多边外交进程。[①] 在习近平外交思想的引领下，中国外交取得了历史性成就，很好地维护了国家主权、安全和发展利益，为维护世界和平，促进共同发展贡献了中国智慧和中国方案。

党中央的领导是应对当前错综复杂的国际形势的重要保证。党的十八大以来，国际形势发生了且正在发生前所未有的历史性变化。国际力量对比和国际格局加速调整，大国之间在经济、科技和军事上的战略竞争加剧，现有国际秩序遭受严峻挑战，世界不确定性因素显著增加，而新冠肺炎疫情的暴发及蔓延对全球化进程形成了前所未有的冲击，加剧了国际格局的不确定性。习近平总书记指出："放眼世界，我们面对的是百年未有之大变局。"[②] 西方国家一些领导人为转移疫情应对不力的责任，指控中国信息不透明以及防控病毒不力，煽动民众的反华情绪，这无疑恶化了中国的国际环境。而就国内外事工作而言，随着改革开

---

① 杨洁篪：《新形势下中国外交理论和实践创新》，《求是》2013 年第 16 期。
② 《习近平接见二〇一七年度驻外使节工作会议与会使节并发表重要讲话》，《人民日报》2017 年 12 月 29 日，第 1 版。

放的深入，国际交往日益增多，社会各个领域、政府各个系统全方位开展对外交流合作，已经形成包括政党、政府、人大、政协、军队、地方、民间等对外交往在内的全方位、多层次、立体化的大外事格局。在外事主体日益多元化的背景下，要有效应对纷繁复杂的国际形势，一方面需要调动各方面的积极性、发挥各方面的能动性，另一方面必须坚持外交大权在党中央，加强党中央对外事工作的统一领导，需要在党的集中统一领导下加强统筹协调，防止各自为政，做到令行禁止，步调一致。只有这样，形成党总揽全局、协调各方的对外工作大协同局面，各外事主体发挥自己的特色和优势，相互配合，形成外事工作的合力，确保党中央对外方针政策和战略部署落到实处。

二、坚持国家利益至上

国家利益是任何一个国家确定发展战略的基础和对内对外政策的基本依据，维护国家利益是主权国家对外交往的动因、出发点和落脚点，也是外事工作的最高准则。美国著名的国际政治学者汉斯·摩根索认为，只要世界在政治上还是由国家所构成的，那么国际政治中实际上最后的语言就只能是国家利益。不言而喻，任何国家在国际政治和国际关系中的活动都是为了维护自己的国家利益，国家之间的关系归根结底是围绕国家主权运转的利益关系，国家利益是国家关系的本质。

现代意义上的国家利益概念是伴随着近代民族国家的产生而确立的，是指满足国家在现代国际社会存在、发展和价值存在需要的各种因素，在不同的历史阶段，国家利益有着不同的内涵。在中华人民共和国成立后的很长一段时间内，由于受到国际格局和主观认识的制约，中国在对外交往中过分重视社会制度和意识形态，以意识形态论亲疏，认为世界无产阶级的整体利益高于"狭隘的"国家利益，常常不顾自己的国情，违背国家利益而履行国际义务，为此付出了沉重的代价。改革开放后，改革开放的总设计师邓小平审时度势，吸取历史教训，超越社会制度和意识形态的差异，强调国家利益至上，"无论任何时候，任何情况，国家利益是我国对外政策和对外交往的基本准则"，[①] 将国家主权、安全作为最高利益，中国政府在

---

① 《邓小平文选》第三卷，人民出版社，1993，第3页。

香港问题上的立场充分说明了这一点："关于主权问题，中国在这个问题上没有回旋余地。坦率地讲，主权问题不是一个可以讨论的问题。"[①] 从此，国家利益成为中国制定内政政策的基本依据和最高准则。2011年9月，中国政府发布《中国的和平发展》白皮书，明确界定了中国的核心利益，包括国家主权、国家安全、领土完整、国家统一、宪法确立的国家政治制度和社会大局稳定、经济社会可持续发展的基本保障。

党的十八大以来，"我们前所未有地靠近世界舞台中心"，以习近平同志为核心的党中央在新的历史形势下，进一步强调国家利益的重要性，并申明中国捍卫国家核心利益的坚定决心。习近平总书记指出："我们要坚持走和平发展道路，但决不能放弃我们的正当权益，决不能牺牲国家核心利益。任何外国不要指望我们会拿自己的核心利益做交易，不要指望我们会吞下损害我国主权、安全、发展利益的苦果。"[②] 由此可见，中国的核心利益为主权、安全和发展利益，维护中国的基本制度和政治大局稳定、维护国家主权和领土完

---

① 《邓小平文选》第三卷，人民出版社，1993，第12页。
② 中共中央宣传部编《习近平总书记系列重要讲话读本》，学习出版社、人民出版社，2016，第272页。

整、维护经济的持续稳定和发展，是国家核心利益不可分割、相辅相成的三个组成部分。

坚持国家利益至上，实际上就是坚持人民的利益至上。人民的利益高于一切是无产阶级政党和资产阶级政党的根本区别，人民群众是党的执政基础，全心全意为人民服务是党的宗旨。胡锦涛总书记在党的十八大报告中指出，"为人民服务是党的根本宗旨，以人为本、执政为民是检验党一切执政活动的最高标准。任何时候都要把人民利益放在第一位"。[①] 习近平总书记在党的十九大报告中指出，"坚持以人民为中心的发展思想，不断促进人的全面发展、全体人民共同富裕"。[②] 就任伊始，习近平总书记就明确宣告"人民对美好生活的向往，就是我们的奋斗目标"，并把人民幸福作为中国梦的本质特征。[③] 中国梦把国家、民族和个人利益紧密联系在一起，国家利益是人民利益的集中表现。"国家安全是人民幸福安康的基本要求，是安邦

① 《坚定不移沿着中国特色社会主义道路前进，为全面建成小康社会而奋斗——在中国共产党第十八次代表大会上的报告》，《人民日报》2012 年 11 月 18 日，第 1 版。

② 《决胜全面建成小康社会，夺取新时代中国特色社会主义伟大胜利——在中国共产党第十九次代表大会上的报告》，《人民日报》2017 年 10 月 28 日，第 1 版。

③ 中共中央宣传部编《习近平总书记系列重要讲话读本》，学习出版社、人民出版社，2016，第 7 页。

定国的重要基石",① 因此，国家安全是国家利益和人民利益的有机统一。

在党的十九大报告中，习近平总书记指出，"必须坚持国家利益至上"。在维护国家核心利益上，习近平总书记对外交工作提出了要求，"坚决维护国家的核心利益是中国外交的神圣使命"，"要始终把坚决维护国家主权、安全、发展利益作为基本出发点和落脚点。"② 当前，维护国家利益面临着多重挑战，"我国面临对外维护国家主权、安全、发展利益，对内维护政治安全和社会稳定的双重压力，各种可以预见和难以预见的风险因素明显增多"，③ 这就要求外事工作把国家利益尤其是核心利益作为外事工作的出发点和立足点，全面系统地把握并准确理解国家利益尤其是核心利益，忠于祖国和人民，在对外交往中坚决维护中国的核心利益，维护国家主权和安全利益，在核心利益上没有任何交换、讨价还价的空间，"在涉及我国核心利益的

① 中共中央宣传部编《习近平总书记系列重要讲话读本》，学习出版社、人民出版社，2016，第 226 页。
② 同上书，第 272 页。
③ 中共中央党史和文献研究院编《习近平关于总体国家安全观论述摘编》，中央文献出版社，2018，第 3 页。

问题上，要敢于划出红线，亮明底线。"[1] 同时，牢固树立利益共同体意识，习近平总书记在会见外国领导人时，多次提出要相互尊重彼此的核心利益和重大关切，奠定双边关系长远健康发展的基础。因此，外事工作要坚持主权平等和互惠互利的原则，尊重交往对象的核心利益，在合作共赢的基础上发展同各国的友好合作关系。

三、坚持统筹国内国际两个大局

外交是内政的延续，国内政治会深刻影响到外交政策的制定。美国历史学家查尔斯·比尔德（Charles A. Beard）在《美国外交政策》一书中写道："无论怎样按照世界的面貌制定外交政策，它始终是国内政策的一个方面，而且是无可回避的一个方面。"[2] 同样，国际因素也会影响国内政策的制定和国内政治的进程。因此，全面分析、通盘考虑国内形势和国际形势，历

---

[1] 中共中央宣传部编《习近平总书记系列重要讲话读本》，学习出版社、人民出版社，2016，第 273 页。

[2] 转引自肯尼思·华尔兹：《人、国家与战争——一种理论分析》，信强译，上海译文出版社，1991，第 68 页。

来是中国共产党制定正确路线方针政策的基本方法。早在抗日战争时期，毛泽东就将中国与世界紧密联系的事实作为制定政策的立足点。[①] 在改革开放新时期，邓小平既强调沿海和内地两个大局，也重视国际国内两个大局。2002 年 2 月，江泽民在中央举办的省部级主要领导干部国际形势与世界贸易组织专题研究班上指出：要在激烈的国际竞争中掌握主动，必须善于从国际国内政治大局出发考虑问题。[②]

进入 21 世纪，中国与世界的关系发生了历史性变化。经过 40 多年的改革开放，特别是 2001 年中国加入世界贸易组织以后，中国全面融入国际体系，形成了全方位、多层次、宽领域的对外开放格局，在经济、政治、科技、文化、安全等方面同国际社会形成了前所未有的密切联系；世界范围内的经济全球化、社会信息化的加速发展，使得国与国的联系日益紧密，相互依存度不断加深，"在人类漫长的发展史上，各国人民的命运从未像今天这样紧密相连、休戚与共。"[③] 各国内政外交进一步融合，各项工作的内外关联度增加，

---

① 《毛泽东外交文选》，中央文献出版社，1994，第 16 页。
② 《江泽民文选》第三卷，人民出版社，2006，第 446 页。
③ 《十六大以来重要文献选编》（中），中央文献出版社，2009，第 998 页。

国内问题国际化，国际问题国内化的趋势日益明显。一方面，随着综合国力的增长，中国对世界的影响力在增大，中国的经济发展模式、外交政策选择受到世界关注；另一方面，中国国内政治也越来越受到国际因素的影响，世界经济波动、能源供求情况、国际安全局势都会影响到中国的经济发展和安全环境。在这样的历史背景下，2006 年 8 月，在中央外事工作会议上，胡锦涛总书记第一次明确提出了坚持统筹国内国际两个大局，指出："外事工作必须坚持以经济建设为中心，紧密结合国内工作大局，在统筹国内国际两个大局中加以推进。"① 2007 年 10 月，在党的十七大报告中，胡锦涛总书记结合科学发展观，系统阐述了"统筹国内国际两个大局"，"统筹国内国际两个大局"被写入了党章，这表明，"统筹国内国际两个大局"从最初的外事工作方针上升为党和国家的重大外事战略，成为新形势下做好政治、经济、文化、社会、外交、国防等各项工作的指导方针。随着形势的变化和工作重心的转变，其内涵不断得到丰富和发展。

党的十八大之后，以习近平同志为核心的党中央

---

① 《中央外事工作会议在京举行》，《人民日报》2006 年 8 月 24 日，第 1 版。

在中国日益走近国际舞台中央的背景下，立足世界发展充满不确定性因素的现实及中国发展面临的新任务，更加强调统筹国内国际两个大局，以解决新时代面临的新问题。2013 年 1 月 28 日，十八届中央政治局就坚定不移走和平发展道路进行第三次集体学习，习近平总书记在讲话中强调："加强战略思维，增强战略定力，更好统筹国内国际两个大局，坚持开放的发展、合作的发展、共赢的发展，通过争取和平国际环境发展自己，又以自身发展维护和促进世界和平"；"我们要树立世界眼光，更好把国内发展与对外开放统一起来，把中国发展与世界发展联系起来，把中国人民利益同各国人民共同利益结合起来，不断扩大同各国的互利合作，以更加积极的姿态参与国际事务，共同应对全球性挑战，努力为全球发展作出贡献。"① 之后，党中央相继提出了"一带一路"倡议、构建新型国际关系和构建人类命运共同体的愿景，这是统筹国内国际两个大局的重大实践创新，将中国的发展与世界的发展，中国人民对美好生活的向往与世界人民对美好生活的向往紧密结合起来，回答了"建设一个什么样

---

① 《习近平在中共中央政治局第三次集体学习时强调：更好统筹国内国际两个大局，夯实走和平发展道路的基础》，《人民日报》2013 年 1 月 30 日，第 1 版。

的世界，如何建设这个世界"这一关乎人类命运的深刻而艰难的问题，显示了中国作为一个大国的担当。2017 年 12 月 28 日，习近平总书记接见 2017 年度驻外使节工作会议与会使节时，再次强调："要统筹国内国际两个大局，树立更宽广的世界眼光、更宏大的战略抱负，胸怀祖国，兼济天下，推动构建新型国际关系，推动构建人类命运共同体。"①

2020 年初，突如其来的新冠肺炎疫情在武汉暴发，继而在全世界蔓延，世界各国真正变成了休戚与共的命运共同体。疫情给国内经济发展和政治稳定带来不利影响，而境外疫情扩散对全球经济、金融的负面影响，又给我国疫情防控和经济发展带来新的挑战。疫情无国界，在疫情面前，任何国家都不能独善其身，统筹国内国际两个大局有了更真切的现实意义。外事工作必须强化统筹国内国际两个大局的意识，增强统筹国内国际两个大局的能力，从整体上把握，从战略上谋划。发展是解决中国问题的总钥匙，服务国内经济发展并为此营造一个良好的外部环境，是外事工作的中心任务。外事工作重点着眼于国内，按照党中央、

---

① 《习近平接见二〇一七年度驻外使节工作会议与会使节并发表重要讲话》，《人民日报》2017 年 12 月 29 日，第 1 版。

国务院的部署，统筹做好疫情防控和经济社会发展工作，同时放眼世界，密切关注国外疫情防控和经济形势的变化，因时因势调整工作着力点和应对举措，秉持人类命运共同体理念，加强国际合作，守望相助，为世界各国抗疫提供力所能及的帮助，共同打赢疫情防控这场看不见硝烟的战争。

四、坚持总体国家安全观

国家安全与国家相伴而生，自国家出现开始，防范外敌入侵，维护内部稳定，历来都是"国之大事"。2016年，习近平总书记在首个全民国家安全教育日之际强调，国家安全是头等大事。[①] 传统意义的国家安全主要集中于军事安全、政治安全等领域。冷战结束后，环境变化、恐怖主义、传染病等非传统安全领域的威胁上升，导致国家安全的内涵、外延都发生了深刻的变化。在"我们前所未有地靠近世界舞台中心"的历史背景下，中国所面临的国家安全问题也比历史上任何时期都复杂。因此，党的十八大以来，党中央高度

---

① 《习近平在首个全民国家安全教育日之际作出重要指示》，《人民日报》2016年4月15日，第1版。

重视国家安全工作,从实现"两个一百年"奋斗目标和中华民族伟大复兴的"中国梦"高度统筹国家安全工作。2013 年 11 月 9 日,习近平在《关于〈中共中央关于全面深化改革若干重大问题的决定〉的说明》中指出:"国家安全和社会稳定是改革发展的前提。只有国家安全和社会稳定,改革发展才能不断推进。"①

为统筹国家安全工作,建立集中统一、高效权威的国家安全体制,筑牢国家长治久安的基础,党的十八届三中全会决定成立中央国家安全委员会。2014 年 4 月 15 日,在中央国家安全委员会第一次会议上,习近平总书记第一次提出总体国家安全观:"当前我国国家安全内涵和外延比历史上任何时候都要丰富,时空领域比历史上任何时候都要宽广,内外因素比历史上任何时候都要复杂,必须坚持总体国家安全观,以人民安全为宗旨,以政治安全为根本,以经济安全为基础,以军事、文化、社会安全为保障,以促进国际安全为依托,走出一条中国特色国家安全道路。"② 4 月 25 日,十八届中共中央政治局就切实维护国家安全和

---

① 中共中央党史和文献研究院编《习近平关于总体国家安全观论述摘编》,中央文献出版社,2018,第 3 页。
② 同上书,第 4 页。

社会安定进行第十四次集体学习，习近平总书记在主持学习时强调："各地区各部门要贯彻总体国家安全观，准确把握我国国家安全形势变化新特点新趋势，坚持既重视外部安全又重视内部安全、既重视国土安全又重视国民安全、既重视传统安全又重视非传统安全、既重视发展问题又重视安全问题、既重视自身安全又重视共同安全，切实做好国家安全各项工作。"①党的十九大将坚持总体国家安全观确定为新时代坚持和发展中国特色社会主义的基本方略之一。党的十九大报告指出："统筹发展和安全，增强忧患意识，做到居安思危，是我们党治国理政的一个重大原则。必须坚持国家利益至上，以人民安全为宗旨，以政治安全为根本，统筹外部安全和内部安全、国土安全和国民安全、传统安全和非传统安全、自身安全和共同安全，完善国家安全制度体系，加强国家安全能力建设，坚决维护国家主权、安全、发展利益。"②

总体国家安全观的宗旨是以民为本，"人民安全是

---

① 《切实维护国家安全和社会安定 为实现奋斗目标营造良好社会环境》，《人民日报》2014年4月27日，第1版。

② 《决胜全面建成小康社会，夺取新时代中国特色社会主义伟大胜利——在中国共产党第十九次代表大会上的报告》，《人民日报》2017年10月28日，第1版。

国家安全的基石"，国家安全的最终目的是人民安全，因此，总体国家安全观"既重视国土安全，又重视国民安全"，"坚持国家安全一切为了人民、一切依靠人民"。总体国家安全观是综合安全，"既重视传统安全，又重视非传统安全"，国家安全体系包括"政治安全、国土安全、军事安全、经济安全、文化安全、社会安全、科技安全、信息安全、生态安全、资源安全、核安全"等。总体国家安全观是发展安全，"发展是安全的基础，安全是发展的条件，富国才能强兵，强兵才能卫国""既重视发展问题，又重视安全问题"。总体国家安全观是共同安全，"既重视自身安全，又重视共同安全，打造命运共同体，推动各方朝着互利互惠、共同安全的目标相向而行"。① 对内求发展、求变革、求稳定，建设平安中国，对外求和平、求合作、求共赢，建设和谐世界。

全面践行总体国家安全观是一项系统性、全局性、长期性的战略工程，成立国家安全委员会为践行总体国家安全观提供了坚实的组织保障和领导核心，之后，我国相继颁布实施《中华人民共和国反间谍法》《中

① 中共中央党史和文献研究院编《习近平关于总体国家安全观论述摘编》，中央文献出版社，2018，第5页。

华人民共和国国家安全法》《中华人民共和国反恐怖主义法》《中华人民共和国境外非政府组织境内活动管理法》《中华人民共和国网络安全法》《中华人民共和国国家情报法》《中华人民共和国国家密码法》等一系列有关国家安全的法律，为实现总体国家安全提供重要法治保障。2015年1月，中央政治局审议通过我国第一部《国家安全战略纲要》，强调以总体国家安全观为指导，坚决维护国家核心和重大利益，以人民安全为宗旨，在发展和改革开放中促安全。该纲要为我国在新形势下全面保障国家安全提供了强有力的战略支撑。

总体国家安全观成为新时代维护国家安全的指导思想和根本遵循，也是外交外事管理工作的基本原则。

思考题

1. 党内法规在外事管理中发挥什么作用？

2. 在新时代，如何统筹国内国际两个大局？

3. 国家总体安全观的主要内涵是什么？

第四章 外事管理体制机制

外事管理体制是行政管理体制的重要组成部分，直接关系到外事管理的效能。我国实行统一领导、归口管理、分级负责、协调配合的外事管理体制，这是党中央在总结外事工作经验教训的基础上，为保证全方位、多层次的外事工作有序进行而采取的措施。其中，统一领导是核心和前提，归口管理和分级负责是必要的途径和方式，协调配合是必不可少的保障。

第一节 统一领导

外交大权在党中央，外事工作授权有限，历来是外事工作的根本原则。外事工作具有高度的政治性和政策性，关乎国家利益，事关国家安全和领土完整、国家外交大局和国际形象，必须加强集中统一领导。

从中华人民共和国成立到改革开放之前，由于东西方冷战的国际格局，我国对外开放程度有限，对外交往有限，紧张的国际局势使得外交关乎全局，必须坚持统一领导，对外交往有限也使得高度集中统一领导成为可能，因此，"外事无小事"就成为处理外交外事工作的基本原则。周恩来总理经常强调："我们做外事工作的同志授权有限，包括我自己在内，也是授权有限。有些事我还得请示毛主席、请示党中央。"[1] 外交工作必须由中央统一领导，外交大权在中央，特命全权大使授权有限。外交工作中一切有关政策的问题，都要事前请示，事后汇报，不允许先斩后奏，更不能斩而不奏。[2] 这一时期的外事工作主要是完成中央政府指定的外事任务，包括政治接待及援外工作等。

党的十一届三中全会以后，中国全面实行对外开放，中央逐步下放外事管理权，各部门、各地方、各行各业都开展对外交往，形成了全方位、宽领域、立

---

[1] 唐龙彬：《缅怀周总理的亲切教诲》，载田曾佩、王泰平主编《老外交官回忆周恩来》，世界知识出版社，1998，第110页。

[2] 中华人民共和国外交部、中共中央文献研究室：《周恩来外交文选》，中央文献出版社，1990，第1—7页。

体化的对外工作格局。外事工作在国家总体外交中的地位上升，成为党和国家对外工作的重要组成部分。在外事主体多元化、外事事务多样化的背景下，加强统一领导尤为必要。

进入 21 世纪，随着我国综合国力和国际地位的不断提升，国家利益日益拓展，国内国际两个大局互动更加紧密，面临的国际形势、周边环境日趋复杂敏感，而外事工作也呈现出主体多元化、目标多重化、方式多样化、渠道多维化等特征，在这样的历史背景下，加强对外事工作的统一领导，对于实现全面小康，实现两个"一百年"奋斗目标，具有至关重要的作用。

为加强党中央对外交外事工作的集中统一领导，强化决策和统筹协调职能，根据 2018 年 3 月中共中央印发的《深化党和国家机构改革方案》，中央外事工作领导小组改组为中央外事工作委员会，负责外交外事领域重大决策的顶层设计、重大工作的总体布局、重大事项的统筹协调、重大部署的整体推进和督促落实。[1] 5 月 15 日，在中央外事工作委员会第一次会议上，习近平总书记高度评价外事工作："地方外事工作

---

[1] 《中共中央印发〈深化党和国家机构改革方案〉》，新华网，2018 年 3 月 21 日，http://www.xinhuanet.com/2018-03/21/c_1122570517.htm。

是党和国家对外工作的重要组成部分，对推动对外交往合作、促进地方改革发展具有重要意义。"同时他也强调加强党对外事工作的集中统一领导，确保党中央各项决策部署落到实处。6月，在中央外事工作会议上，习近平总书记再次强调：要增强政治意识、大局意识、核心意识、看齐意识，确保令行禁止、步调统一。对外工作是一个系统工程，政党、政府、人大、政协、军队、地方、民间等要强化统筹协调，各有侧重，相互配合，形成党总揽全局、协调各方的对外工作大协同局面，确保党中央对外方针政策和战略部署落到实处。①

坚持统一领导，首先是坚持党对外事工作的领导，办好中国的事情，关键在党，党的领导是外交外事工作的生命线，也是外交外事工作的最高原则和最大优势。其次要坚持外事大权在党中央，外事工作是国家总体外交的重要组成部分，要服从服务于国家总体外交大局，坚持国家利益至上。从党中央来说，就是要高度重视对外事工作的集中统一领导，加强顶层设计，做好总体布局，"提高把方向、谋大局、定政策的能

① 《习近平系统阐述新时代中国特色社会主义外交思想》，《人民日报海外版》2018年6月25日，第1版。

力"，"确保当前和今后一个时期，我国外事工作沿着正确的方向继续推进"。① 从外事工作部门来说，就是要坚决维护党中央权威和集中统一领导，自觉在思想上、政治上、行动上同党中央保持高度一致，坚决贯彻党中央关于外事工作的各项决策部署，从国家总体外交大局中思考、谋划、推动外事工作，把党中央的统一领导贯彻到外事工作的各方面、全过程，确保地方利益、部门利益与国家整体利益一致，保证外事工作始终沿着正确方向前进。

第二节　归口管理

"口"是中国特有的政治术语，是指政府工作的某些领域。1953 年，中共中央在建立分级分类管理干部制度的同时，作为配套措施，建立了对政府部门的归口管理制度。中央把政府工作按照性质划分为工交口、财贸口、文教口、政法口等，由同级党委的常委（后来是分管书记）分口管理，以加强对政府行政工作的

---

① 《加强党中央对外事工作的集中统一领导，努力开创中国特色大国外交新局面》，《人民日报》2018 年 5 月 16 日，第 1 版。

领导。对于中央国家机关分设在地方的下属机关、企事业单位，在领导关系上采取双重领导方式：在业务上受中央主管部门的领导，在党务及行政事务上接受地方党委及人民政府的领导。[①] 1958 年 6 月，中央决定成立财经、政法、外事、科学、文教各小组，直接领导各个"口"政府的业务工作，中央外事小组负责领导"外事口"的工作，第一任外事小组组长为陈毅。

1978 年以后，随着改革开放的进行，中国全方位融入国际体系，国家外交活动空前频繁，外事活动也日益增多。与此相适应，中央多次下放外事管理权限，各级人大及其常委会、军队系统、政协系统、法院和检察院系统都设立了外事部门，国务院各部委、地方省、市、县三级政府都设立了相应的外事管理工作部门，企事业单位、高校、科研院所、民间团体也设立了专职外事机构，其职能范围、管理权限都在不断扩大。为防止重复管理、多头管理，提高管理效率，确保各级外事工作服从、服务于中央对外工作的总体部署，在统一领导的前提下，根据授权按业务、系统或地区实行归口管理。各级外事管理部门按国家赋予的

---

① 杨光斌：《中国政府与政治导论》，中国人民大学出版社，2003，第28—29页。

管理权限各司其职，按特定的"口"实施切实有效的管理。

各民主党派和工商联以及有关统战团体的重要涉外事项由中央统战部归口管理。各省区市、党中央和国务院各部门、全国人大常委会办公厅、全国政协办公厅、中央纪委国家监委、最高人民法院，最高人民检察院根据各自的职责和授权，管理本部门、本系统及其负责归口管理单位的外事工作。省区市外办对本地区外事工作进行综合归口管理。中央企业外事部门负责统筹协调、综合归口管理本企业外事工作。

第三节　分级负责

分级负责是明确各级外事机构的权责和作用，做好外事工作，推进外事治理体系和治理能力现代化的重要原则。

随着外事活动的增多，外事部门的职能和权限进一步扩展，中央赋予各部门和各地方政府更多处理涉外事务的任务和职能，很多部门、地方政府及国有企业事业单位都有了一定的外事管理权限。除了中央交办的工作，大量的外事工作是自主开展在工业、农业、科技、经贸、金融、教育、文化体育、卫生医药等方面的交流合作，外事工作的目标也从主要配合国家外交转到配合国家外交大局及助力领域和地区国际合作并重。各层级的外事管理部门在组织建设、职能分工和自主资源等方面都有了很大提升，对外交往的积极性、主动性增强，逐渐形成了全方位、宽领域、立体化的对外交往格局。为适应新的外事工作格局，实现外事管理工作的制度化、科学化，提高管理效率，逐步形成了分级管理的管理体制。

改革开放以来，中共中央和国务院先后制定和修订了一系列有关外事管理工作的法规和规范性文件，强调分级负责的原则，并对各级外事管理部门的管理权限作出明确规定。根据涉外事务的业务分工和重要性，将外事管理职权层层分解给各部门、各地区的外事综合归口管理部门，由它们负责指导、管理、监督本部门、本地区职权范围内的涉外事务，一级管一级，逐级对中央负责。各层级外事管理归口部门在中央授权范围内分级履行相应的外事管理职责，全力服从、服务于中央对对外工作的总体部署，贯彻执行中央的对外政策，办理中央或上级交办的外事工作。

各级党委（党组）加强对本地区本部门本系统外事工作的领导，协同推进本地区本部门本系统外事工作，及时研究处理授权范围内的重要外事事项。省、自治区、直辖市党委外事工作委员会是本地区党委关于外事工作的议事协调机构，在中央外事工作委员会和本地区党委领导下开展工作。省、自治区、直辖市外事办公室作为本地区外事工作职能部门，在本地区党委和政府领导下，对本地区外事工作进行综合归口管理。地方各级党委外事工作委员会办公室是地方各级党委外事工作委员会的常设办事机构，与同级地方人民政府外事办公室合署办公。

在日常的外事工作中，分级负责集中反映在外事审批权上。无论是因公出访还是邀请外国人访华，都具有很强的政治性、政策性和敏感性，须严格按照授权行事。具有出访和邀请外国人来访审批权的单位，认真履行审批职责，既不得越权，也不得擅自下放审批权，明确权责，"谁审批、谁负责"。未经党中央、国务院批准，任何地方、部门和单位不得以委托、授权等方式下放外事审批权限。

第四节　协调配合

加强协调配合是我国外事工作的重大课题。在多层次、宽领域、立体化的大外事格局下，参与涉外事务的主体更加多元，面临的国际形势更加复杂，内政外交的互动更加紧密，只有在党中央的统一领导下，坚持国家利益至上，从国家长远利益出发，地方、部门利益服从整体利益，加强各部门、各地区的协调与配合，有效整合各种外事资源，才能对外形成合力，应对纷繁复杂的国际局势，更好地实现政策目标，维护国家利益。相反，如果缺乏统筹协调，各部门、各地区各自为政，为局部、短期利益牺牲全局、长远利益，就会相互掣肘，造成外事资源分散，最终损害国家利益。

时任中央外事工作委员会办公室主任杨洁篪指出：党中央从统筹国内国际两个大局出发，高度重视对外事工作的统筹协调，强调外事工作必须内外兼顾、通盘筹划、统一指挥、统筹实施，要求中央和地方、政府和民间、涉外各部门牢固树立外交一盘棋意识，各司其职，形成合力，既充分发挥各方面的积极性和创造力，又从国家利益的高度做好集中调度，保障中央对对外工作的领导、决策、管理、处置等各项功能顺利实施，确保中央对外战略意图的实现。①

确保中央与地方的协调配合。服从、服务于中央的总体外交战略，是地方外事工作的主要宗旨之一。随着地方外事工作的发展，地方对外交往的自主性增强，服务地方发展的属性逐步增强，但服务中央总体外交战略仍然是地方外事工作的核心准则。地方外事部门要切实增强政治意识、大局意识、核心意识、看齐意识，坚决维护习近平总书记作为党中央和全党核心的政治地位，坚决维护党中央权威和集中统一领导，从国家外交战略全局出发，以更积极主动的姿态完成中央下达的外事任务，同时在地方对外交往中努力配合中央的总体外交战略，最大限度地实现局部利益与整体利益的统一。中央外交外事管理部门要加强对地方外事工作的指导、协调、管理、服务，确保中央整体外交战略的实施。

确保部门间的协调配合。部门的设立基于专业化

---

① 杨洁篪：《新形势下中国外交理论和实践创新》，《求是》2013 年第16 期。

分工，各部门按业务分工专门负责本专业领域的外事工作，但业务交叉和条块分割也是客观存在的问题，这使得部门间的协调配合越发必要。各部门必须树立外交外事工作一盘棋的意识，严格按照部门分工，各司其职，各负其责，保质保量地完成自己职权范围内的工作任务，做好分管系统的对外工作。同时，增强协调配合的意识，围绕国家外交战略大局，加强部门间的互相协调，涉及其他部门职权范围内的事项，主动征求相关部门的意见，加强相互间的信息沟通，及时协商解决工作中的矛盾和问题，主动配合做好全局性对外工作，形成工作合力，确保国家对外政策目标和对外战略的实现。

确保政府与民间的协调配合。新中国成立以来，民间外交一直是政府外交的重要补充，在中国外交史上发挥了不可替代的作用。随着外交外事内涵和外延的扩展，企业等市场行为体、非政府组织及普通民众等社会行为体在对外交往中日趋活跃，民间外交成为大外事格局的重要组成部分。"国之交在于民相亲"，与政府外交相比，民间外交更注重通过人际交流增进不同国家之间人民的理解和信任，进而建立超越现实利益的友谊，为国家关系顺利发展奠定良好的民意基础。同样，民间外交必然要服务于国家总体外交战略，从事民间外交的主体要有强烈的爱国情怀和大局意识，在对外交往中坚持国家利益至上，发挥民间外交做人的工作的优势，厚植双边关系的民意基础。政府要高度重视发挥民间力量在总体外交中的作用，在制度、政策和资源上为民间外交提供支持，搭建交流平台，同时加强宏观指导、统筹协调和法治规范。

思考题

1. 如何理解外事管理体制机制的本质？

2. 如何理解统一领导与归口管理的关系？

3. 如何理解分级负责与协调配合的意义？

第五章　外事人员

　　为政之道，首在得人，毛泽东指出："政治路线确定之后，干部就是决定的因素。"[①] 同样，国家对外政策的有效执行，国家利益的实现，需要一支高素质的外事人员队伍。外事人员是外事工作有序、高效进行的重要保障。

第一节　外事人员的概念及其工作特点

　　与外事的定义相同，外事人员也有广义和狭义之分。广义的外事人员，指所有从事涉外活动的人员，既包括代表国家从事外交活动的职业外交官，也包括

---

　　① 《毛泽东选集》第二卷，人民出版社，1991，第526页。

国家机关和国有企事业单位及人民团体中从事外事工作的人员，还包括在涉外企业及其他组织中从事涉外活动的重要工作人员。狭义的外事人员，根据本书对外事的定义，专门指在国家机关、国有企事业单位、人民团体中从事外事管理、处理涉外事务的人员。外事人员是外事管理的重要主体，他们为各项涉外活动的顺利开展提供规范、管理、服务和监督，是国家多层次、宽领域、立体化对外交往的重要保障。

　　不同级别的外事人员，其工作重心有所差异。中央层级的外事人员，主要工作职责是提供规范，对外事工作进行统筹协调，越往基层，外事人员的工作越侧重具体的外事工作及提供服务。但无论何种级别的外事人员，其工作任务都具有相同的特点，主要体现在以下几个方面。

一、政治性和事务性并重

　　外事工作具有高度的政治性和事务性。任何层次的外事管理本质上都是贯彻落实国家对外政策，维护国家利益的活动。因此，任何一个外事机关和外事人员都必须在思想上正视外事工作的政治性，以维护国家主权和利益、树立国家形象为根本工作宗旨，严格执行国家的对外政策，在行动上要体现高度的纪律意识和忠诚度，要始终与党中央的对外政策保持高度一致，严格贯彻执行国家对外政策，涉外法律、法规以及党和政府关于外事工作的指示和决定。

外事工作高度的政治性需要以高度的事务性为基础。正因为外事活动具有高度的政治性，所以其事务性也显得愈加重要。在实践中，每一项外事工作都具有极强的事务性。在一定意义上，任何一桩外交盛事都是由一系列看起来是事务性的"小事"所组成的，并由相应的外事人员各司其职，互相配合，才能完成。① 这种高度的事务性要求外事人员既要有集体荣誉感和团队合作精神，又要有过硬的业务技能和严谨的工作作风。

二、原则性与灵活性统一

外事工作的政治性决定了外事管理的原则性，其事务性决定了外事管理的灵活性，两者必须有机统一，

---

① 黄金祺：《外交外事知识和技能——外事人员素质修养》，世界知识出版社，1999，第94页。

不可偏废。外事管理关乎国家利益，必须严格执行党中央的对外政策，以规章制度为中心，按章办事。尤其在涉及国家主权和核心利益的事项上，更是必须坚定地坚持原则，不允许打折扣、做变通。在具体的外事管理过程中，又需要根据形势的变化和工作对象的特点随机应变，注重具体问题具体分析，从实际出发，对具体问题进行灵活变通处理。外事管理工作的原则性与灵活性是统一的，在坚持原则的前提下把握灵活性，从灵活性中维护原则性。只有这样，才能在复杂多变的环境中高效地处理外事工作，更好地维护国家利益。

三、复杂性和艰巨性并存

相对于一般性的行政管理工作，由于外事管理工作关乎国家利益，具有更高的复杂性和艰巨性。外事工作主要是通过对外交往维护国家利益，其工作具有全局性，不仅要考虑国内的政治、经济、文化等情况，而且要考虑国际形势、对象国的国情及具体交往对象的情况，往往牵一发而动全身，而这些情况又都是复杂多变的，这就更增加了外事工作的复杂性。外事人员要在多样性、多变性的环境中，准确把握党中央的对外政策，遵循国际惯例，同时又要根据具体情况，采取灵活变通的策略，在原则性和灵活性之间达成均衡，这无疑是一项艰巨的任务，要求外事人员具有很高的素质，很强的适应能力和应变能力。

第二节　外事人员的素质要求

外事人员对于国家对外政策的实施、国家利益的实现，具有至关重要的作用。因此，自有职业外交以来，各国对外事人员的素质都有明确的要求。

从根本上讲，各国对外事人员的素质要求，有很多共性。英国外交家尼科松指出：这些就是我所认为理想的外交官所必须具备的条件，即真诚、精确、镇静、忍耐、和蔼、谦虚和忠诚。[①] 中国近代著名外交家、曾担任海牙国际法院副院长的顾维钧先生认为，外事人员应该具有知识渊博、精通外语的素质以及诚实、思路清晰、冷静、沉着、忍耐、谦逊、坚定、机

---

① 哈罗德·尼科松：《外交学》，眺伟译，世界知识出版社，1957，第 94 页。

敏、勇敢、忠诚等美德。1951 年，中华人民共和国第一任总理兼外交部长周恩来同志明确对外事人员提出了十六字方针"站稳立场、掌握政策、熟悉业务、严守纪律"。这十六字方针一直是我国对外事人员素质的基本要求。

综观古今中外各个国家对外事人员的要求，一名合格的外事人员，应当具备以下素质。

一、过硬的政治素质

外事人员的政治素质主要指外事人员在对外交往中需要具备的政治立场，拥有的政治信仰，秉持的政治观念以及在应对、处理政治敏感性问题时所体现出来的政治态度。"忠于祖国""立场坚定""服务国民"是古今中外所有国家对外事人员的要求。英美等国在挑选外交人员时必须执行政治审查，英国叫"积极审查"，美国叫"安全审查"，目的都是排除政治不可靠的人进入涉外部门，以免损害国家利益。

外事人员要具有坚定的政治信念和坚定的政治立场。外事人员在工作中是代表国家的，必须具有坚定的信念和立场。周恩来总理就曾严肃指出："外事人员在任何复杂艰险的情况下，都要对祖国赤胆忠心，为维护国家利益和民族尊严，甚至不惜牺牲个人一切。"①邓小平同志指出，在国际事务中，一切都要服务和服从于有效维护与全面增进国家利益这个最高原则，即"国家的主权、国家的安全要始终放在第一位"。②习近平总书记在接见2017年度驻外使节工作会议的与会使节时指出："坚定理想信念，对党、国家、人民绝对忠诚，是外交人员的根和魂。"要求外交人员"永葆对党忠诚、为国奉献的赤子心"。"要牢固树立'四个意识'，坚定'四个自信'，自觉在思想上政治上行动上同党中央保持高度一致，坚决维护党中央权威和集中统一领导，坚决贯彻执行党中央外交方针政策，坚决维护国家利益和民族尊严，坚持外交为民，全心全意为人民服务。"③对于外事人员来说，坚定的政治立场意味着忠于祖国，忠于人民，牢固树立国家利益高于一切的观念，在思想上、政治上、行动上自觉将国家和人民的利益放在最为重要的位置上优先考虑，自觉践行中国特色大国外交理念，坚决维护国家利益和民

---

① 杨发金：《中国涉外知识全书》，中国社会科学出版社，1993，第1440页。
② 《邓小平文选》第三卷，人民出版社，1993，第348页。
③ 《习近平接见二〇一七年度驻外使节会议工作会议与会使节并发表重要讲话》，《人民日报》2017年12月29日，第1版。

族尊严，不说不利于祖国的话，不做有损国格、人格的事。一旦外事人员的理想信念出现偏差，站错了立场，就很有可能做出为了自身利益出卖国家利益的事情。

外事人员还要有高度的政治敏锐性和鉴别力。我们处在一个快速变化的社会，国际国内形势复杂多变，热点地区和热点问题持续升温，大国关系博弈加剧，全球治理艰难前行，国际形势不确定性与不稳定性升高，中国周边地区风险增大，变数增加，和平发展面临新的考验。伴随着全球化的发展，西方的意识形态、价值观、思维方式和生活方式，对我们的意识形态以及人生观、世界观和价值观产生了新的影响和新的挑战。互联网的普及更加速了各种思想和不同意识形态的传播和蔓延，而西方敌对势力利用各种形式进行政治、宗教、文化等意识形态领域的渗透与分化，严重威胁着我国国家主权的统一和安全。在这种错综复杂的国际形势下，外事人员必须保持政治敏锐性和鉴别力，政治敏锐性要求外事人员能够见微知著，在事物处于萌芽状态时，就洞察其本质，判明其利害，把握住发展趋势；政治鉴别力要求外事人员从政治高度进行鉴别、分析、判断，透过现象看本质，透过本质抓规律，透过规律看趋势，全面、深刻、准确地了解和把握社会的发展规律，及时察觉那些起于青蘋之末的社会动向，未雨绸缪，防患于未然。保持政治上的清醒与坚定，排除各种错误思想的干扰，经受住各种复杂环境的考验，对涉外事务有清晰、明确的判断，并制订应对方案。

二、良好的政策素养

外事工作是一项政策性极强的工作。外事人员是国家对外政策的贯彻者和执行者，事事均涉及国家的利益和声誉。在总的对外政策之下，一个细节的行为在不同的具体政策领域往往代表不同的态度和利益认知。在这个意义上，外事人员的政策水平往往决定着对外政策的效果。这就要求外事人员要有很高的政策素质，在世情、国情、党情、社情发生深刻变化的大背景下，外事人员政策素质的重要性更加凸显。

（一）准确把握中央制定的各项对外政策，认清总体外交形势和外交策略

外事活动尤其外交活动是严肃的政治行动，每一

次活动、每一次握手、每一次谈话都透露着一种态度，蕴含着深刻的意义。很多时候，一个微小的礼仪差别就足以透露出不同的信息，甚至会牵动全局。在这种情况下，外事人员必须充分掌握政策，尤其要对我国的对外政策和对外关系走向有着高度透彻的了解。只有这样，外事人员在外事活动中才能充分掌握好和外宾打交道的度。这就要求外事人员"认真学习党的理论和路线方针政策、国家法律法规"，[①] 既要把握中国外交政策的总原则，又要了解各项具体的对外政策，而且要清楚各项具体政策与总原则的关系。只有这样，才能在处理具体的涉外事务时，坚持原则性与灵活性的统一。1989 年中苏之间举行高级会晤，邓小平同志注意到外界的轰动反应，专门指示在接待礼仪上要适度，同戈尔巴乔夫见面时"只握手，不拥抱"，在国际上引起很好的反响；[②] 1997 年叶利钦总统访华前夕，江泽民主席根据当时的形势，指示外交部礼宾安排上要"隆重、热情"，见面时按俄罗斯习俗与叶利钦拥

① 《习近平接见二○一七年度驻外使节会议工作会议与会使节并发表重要讲话》，《人民日报》2017 年 12 月 29 日，第 1 版。
② 钱其琛：《结束过去开辟未来——回忆邓小平同志关于实现中苏关系正常化的战略决策》，《人民日报》1998 年 2 月 20 日，第 5 版。

抱，结果也收到了很好的成效。[①] 这些虽然是具体的礼仪问题，但其背后体现的却是政策和战略考量。外事人员虽非外交政策和战略的制定者，但心中要时时装有外交全局，掌握好外交政策，才能做好每件具体工作。

（二）充分了解国情

外交是内政的延续，在涉外事务中，国情是对外交往的基础，对外政策的制定与执行都是以国情为基础和依据的。因此，一名合格的外事人员除了准确把握国家对外政策，还应当充分了解国情，知其然并知其所以然，这样有助于深刻理解对外政策的由来和目标，在对外交往中可以做到心中有数。而且，在涉外交往中，境外人士往往对中国国内情况比较感兴趣，希望了解更多信息。在中国快速崛起的背景下，很多境外人士受到西方反华媒体的影响，对中国的发展心存质疑，这都需要外事人员对国情有充分全面的了解，在涉外交往中向境外人士传递真实、准确的信息，解疑释惑，增强外事工作的针对性和实效性，这本身也

① 吴德广：《外交场合中的"握手艺术"》，《决策与信息》2014 年第 9 期。

是涉外事务的应有之义。

(三) 熟悉涉外法律法规

涉外法律法规的制定需要依据一国的国内法和外交政策，也需要参考国际法和国际惯例。涉外法律法规调整在对外交往活动中发生的各种行为，是外事人员对外交往、处理各种涉外事务的依据。外事人员必须熟悉涉外法律法规，只有这样，才能在处理涉外事务的过程中，既坚持原则，又能灵活应变，妥善处理各种涉外事务。

三、严格的纪律意识

外事工作具有较强的政治性，与国家的全局利益紧密相连。外事无小事，在外事领域，"补救"一词很难通行，一个小的闪失和差错，很有可能造成难以挽回的影响和损失。因此，在对外交往中特别强调纪律性。外事纪律是党和国家为保障对外政策的正确实施和外事工作的顺利进行而制定的行为规范和准则，它是国家外交外事一系列方针政策在外事管理活动中的具体化，是贯彻执行国家对外政策，维护国家利益的重要保证。因此，严守外事纪律是外事人员应该具备的重要素质。

外事人员要加强组织纪律性，外事工作历来要求高度集中，外事人员的一切言行都代表组织，不得掺杂个人的立场和态度。外事人员在对外交往的过程中，一切言行都要与中央保持一致，坚持四项基本原则，严格按照党的方针政策办事，对于国内外重大问题，对外表态要按照中央统一口径，不得发表与中央政策不一致的言论。外事人员必须时刻依靠组织，在组织的领导和监督下工作。重要的情况、问题以及重大的活动都必须按照组织的要求和规定进行，一旦遇到重大问题，必须立即请示报告，不得擅作主张，自行其是。在境外时，外事人员必须接受当地使领馆的领导，在使领馆的领导下开展工作，遇事要主动汇报使领馆。在国外进行重要经贸活动、文艺演出都应当向当地使领馆报告。不得擅自同外国机构和人员往来，不得擅自参加境外或有境外背景的组织，不得出入与国家公职人员身份不相符的场所。

对外事人员而言，外事纪律中的重要一条是保守秘密，严防泄密。改革开放后的中国引起了全世界的关注，中国成为世界情报战的主要战场之一，敌对势力千方百计利用各种方式，公开或隐蔽地搜集我国的政治、经济、军事情报，给我国带来了不可估量的损失。因此，外事人员必须时刻持有保密意识，在行动上执行保密法规。具体要求如下。

第一，对外交往中既要热情友好、以礼相待，又要提高警惕，内外有别。凡是有关我国对外保密的政策、策略、军事情报、统计数字、独有产品配方、关键性工艺和其他秘密事项，不得对外介绍或展示相关资料。第二，针对外国人提出前往控制开放或非开放区的要求，必须按照要求办理报批手续。第三，在对外工作中掌握交往程度，不应为了炫耀自己的学识广博而言语无度，要提防言者无意，听者有心。第四，严禁在外事场合酗酒。外事人员须提防过度饮酒所导致的失言、失态，或者透露重要信息的可能。周恩来同志曾经要求外事人员在外事工作场合饮酒不得超过自身酒量的三分之一。

四、全面的业务素质

外事工作具有较强的专业性，熟悉业务是外事人员的必备素质之一。只有具备了良好的业务知识基础，掌握所从事的专业领域的必备知识，同时熟悉国际形势、国际关系、国际法、历史地理等多方面的知识，外事人员才能够持久全面地执行国家外交外事政策，高效处理各项外事工作，有效应对各种突发情况，维护国家利益。外交的基本手段之一是谈判和各种形式的对话。而语言是谈判和对话不可缺少的工具，也是外交的主要工具，所以，一名合格的外事人员必须具备扎实的语言基础和高超的运用语言的能力，熟练使用母语，至少熟练掌握一门外国语。当然，不同层次和不同业务的外事人员所应具备的知识各有其侧重点，应根据实际工作需要而定。

对外经贸人员必须能够充分掌握和运用经济学、国际金融、国际贸易等知识，还要熟悉对外贸易的各个环节，如银行金融、市场营销、运输物流、检验检疫、海关出入境等，才能在国际经济交往中力争实现国家利益最大化，否则，就会损害国家利益。1995年，我国某中央级单位组织向日本出口绿化植物，由于经办人没有工作经验，不懂出口要求，当货物抵达日本港口后，检疫不合格，被要求运回国内处理或就地焚烧销毁，造成巨大的经济损失。从事对外文化合作和宣传的人员，必须在充分把握本国文化的基础上，了解世界多样性的文化，并熟悉各种文化传播技巧，使我国的文化和发展理念被世界上更多的国家和人民所了解、理解并接纳；从事卫生领域对外合作的人员就需要了解公共卫生、疾病控制、社区卫生、医疗保健、精神卫生、健康教育、医疗机构分类管理、医用废弃物管理等知识；基于特殊职业身份的外事人员，则必须能够在各自的领域成为行家里手，积极做好本职工作。

无论从事何种领域的涉外事务，都是进行对外交往，因此，外事人员必须掌握外事领域的相关知识。一名合格的外事人员应当充分了解和掌握相关专业理论和知识，包括国际关系和外交学基本理论、中国外交史、国际关系史、国际法、国际制度、涉外谈判、涉外礼仪等。了解和掌握这些基本理论和基础知识，从宏观上，可以在复杂多变的国际格局中，具备政治敏锐性，洞察国际大势，在重大选择面前做到心中有数，善于把握机会为我国在国际政治博弈中谋求有利位置；从微观上，能够在涉外交往中保质保量地做好礼宾接待、会晤会谈、节庆会议等具体细微的工作，为实现对外交往的目标奠定良好的基础。

外事人员应当不仅是所从事专业领域的专家，同时也是"通才",具有广博的知识体系。外事工作本身就包罗万象,加之外事人员的交往对象非常广泛,因此,外事人员要懂政治、懂法律、懂经济、懂历史、懂社会、懂文化、懂地理、懂军事、懂天文、懂艺术等,在自己的专业领域之外尽可能广泛地涉猎其他学科的知识。现代外交早已突破了传统的政治外交的范畴,出现了经济外交、科技外交、军事外交、网络外交等新的外交形式,外事人员知识结构单一显然不能适应现代外事工作的需求,必须注意积累多方面的知识,努力成为"百科全书"。

外事工作说到底是一个相互交流沟通、求同存异,最终达成共识的过程。在对外交往中,外事人员首先要将自己的观点诉求传递出去,同时还要听取对方的意见观点,因此,语言基础是外事人员知识体系中的关键一环,是外事人员的基本功,语言水平直接影响对外交流的质量,所有外事人员都必须培养自己熟练运用语言的技能,具备强大的语言沟通能力,包括中文沟通能力和外文沟通能力。尤其要注意的是,对外交往的对象是不同国家的人,不同国家往往有着不同的历史传统,导致各国文化上存在着差异,价值观念、风俗习惯、思维方式及禁忌等都有所不同,这些差异构成了跨文化沟通的障碍。因此，在对外交往中，要了解不同国家之间的文化差异，避免文化差异造成的误解。相比之下，中国人强调集体本位，比较内敛自省，西方人更注重个人主义，比较外向张扬；中国人善于抽象思维，西方人偏重逻辑思维；中国人说话比较含蓄委婉，西方人更直接、坦率。不理解文化差异，就很有可能造成误解。例如，中国代表团到了西方，可能长时间没人招待，而把这误解为主人不欢迎他们的访问；欧洲人来到中国，可能发现他们无论做什么事都有人陪着，而把这误解为主人对他们缺乏信任。

五、良好的道德素质和人格修养

外事工作涉及的是国与国之间的交往，外事人员的言行举止代表的是国家。在外事人员身上，人格即国格。一名合格的外事人员应当具有高尚的道德情操和人格修养。世界各国在选拔外交人员时，对其道德素质和人格修养都十分重视。这主要是因为外事人员的道德素质和人格修养不仅体现了外事人员自身的个人魅力，也表现出一国国格和文明程度。尤其在一些比较正式的涉外场合，外事人员的个人修养直接体现了一个国家的内在精神和气质。

一名合格的外事人员首先要以诚信为重。外事人员代表的是国家，当一位外事人员失信于他人时，他背后的国家也没有什么信用可言。这里面比较典型的例子是新闻发言人的答记者问。新闻发言人一个通行的规则是：当不能说而又不得不说时，宁可回避、答非所问也不能够说谎。其原因就在于要始终对公众保持诚信的姿态。1985 年，李肇星当上外交部发言人后，他向季羡林先生请教发言人该怎么说话，季先生不太满意这个问题，说：不要太把头衔、官衔当回事儿，不管你是不是发言人，说话都要注意两点，第一，好人绝不能说假话；第二，真话不可全说。① 这可以作为外事人员的座右铭。从这里，我们也可以理解外交官经常说的外交辞令。在不能告知真实信息的时候，外交官又不能提供虚假信息，因此只能以委婉、含蓄、模糊、折中的外交辞令表达，或"无可奉告"，或顾左右而言他，或以问作答，留给听众无限的联想。20 世纪 80 年代末，在一次新闻发布会上李肇星回应各方对邓小平健康的关注时，称其身体很好。一位外国记者

① 李肇星：《说不尽的外交》，中信出版社，2014，第 288 页。

问："邓小平是在家里还是在医院拥有这良好的健康状况？"李肇星幽默地说："一个具有普通常识的人都会知道，一个身体健康的人应该住在哪里。"[①]

外事人员要更好地与外国人进行人际交往，就必须真正做到真诚、友善。待人接物要朴实无华、自然平和，切忌矫揉造作、虚伪掩饰。在涉外实践中，外事人员应当讲究公私分明。在公开正式的场合，要忠于职守，在事关国家重大利益的问题上严守原则，不讲情面。但是在私人交往上和正式的接待场合上，要讲礼仪，要满腔热忱，绝对不能不分场合，以冷漠不变的面孔示人。外事人员要积极主动和他人进行交往，以友善的态度去亲近他人，以真诚去打动人。

外交部前部长李肇星素有平民外交家的美誉，他曾多次说过，外交工作很重要的一个任务是为国家"交朋友"。外交官在外交一线，要学会多交朋友、善交朋友、交好朋友、交真朋友，交那些在关键时候能说得上话、能提供可靠信息的顶用朋友。李肇星交朋友的"独门技巧"是善于与人拉近距离。拉近距离的最好办法，是谈大家共同感兴趣的话题，不能一上来

---

① 李肇星：《说不尽的外交》，中信出版社，2014，第291页。

就是国际关系、双边关系、贸易逆差等严肃问题。遇到新朋友，他最喜欢问两个问题：老家在哪里？学什么专业的？问第一个问题，是因为每个人和每个国家都有历史，且从外交上来说，这个问题不会让人觉得不好回答，是拉近距离的最好办法。至于第二个问题，则是为了发现对方的长处，好向对方学习。①

外事人员在对外交往中要有宽广的胸怀，能够最大限度地包容立场、观点等方面的差异。记得周恩来总理说过："要得到人家尊重，首先要尊重人家。"② 外事人员要深刻了解，在对外交往中，由于国家、民族、宗教、党派、文化和意识形态的差异，人们看待问题的立场、观点不可避免地会有某种分歧，说话、做事的方式、方法也会有很大不同。在各种交往的场合，外事人员既要勇于发表自己的观点和见解，又要善于倾听他人的声音。外事人员要能够接受彼此的不同甚至错误的见解，在非原则性问题上，包容对方的观点和行为，以善意的心态去理解他人，不能试图事事占先，搞"一言堂"。否则，不仅交不到朋友，而且工作

①　刘歌：《李肇星，外交与人生》，《理论导报》2014 年第 9 期。
②　周晓沛：《大使札记——外交官是怎样炼成的》，人民出版社，2014，第40 页。

难以开展，对外政策的目标也很难实现。包容大度也包括善意对待他人的无知或差错，并巧妙化解。法国常驻联合国代表梅里美曾给李肇星讲过一个法国礼宾的故事。一次，法国总统宴请中非帝国皇帝博卡萨，服务员上了一道名菜——法国蜗牛，博卡萨拿起蜗牛就放进嘴里嚼，差点儿把牙崩掉。总统一看客人吃法不对，为了不让客人难堪，也像客人一样把蜗牛咬了咬吐了出来，其他人也像什么事都没发生一样，跟着总统这么吃起来。[1]

人文精神是一种普遍的人类自我关怀，表现为对人的尊严、价值、命运的维护、追求和关切，对人类遗留下来的各种精神文化现象的高度珍视。外事工作是争取人心的过程，这就要求外事人员具有人文精神和人文关怀。尤其在国家间"软实力"竞争日趋激烈的今天，国家的强盛与否，不仅要看经济实力、国防实力，更要看国民的精神世界丰富与和谐的程度，因此，外事人员的言行所体现出来的人文关怀就可以呈现国家的文明程度。这种人文关怀最常见的体现就是在外事工作中保持对其他民族种族的尊重，对他国历

---

① 李肇星：《说不尽的外交》，中信出版社，2014，第318页。

史、文化及其载体的尊重。从这个角度，一名优秀的外事人员对不同种族、不同民族、不同文化都必须抱有敬畏和尊重，必须能够以同理心去理解和容纳异质文化和信仰。倘若一名外事人员在工作中对不同的人持有不同的态度，甚至歧视某些人群，这不仅不利于自身工作开展，更不利于维护良好的国家形象。因此，在国事访问中，为体现来访方对被访国历史的尊重和对该国民族英雄的敬意，很多时候会有到访国宾向陵墓或纪念碑献花圈的安排。2014年3月27日，习近平主席访问法国时在巴黎向法国无名烈士墓献花圈；2017年7月4日，国家主席习近平在莫斯科向无名烈士墓敬献花圈。这些都展示了中国领导人和中国人民良好的人文素养，对提升国家形象具有重要意义。

思考题

1. 如何理解外事工作的重要性？

2. 外事人员应具备哪些素质？

3. 如何成为一名高素质的外事人员？

第六章　外事工作及外事管理实务

外事管理是一项集政策性、专业性于一体的综合性很强的工作，不仅需要外事人员有很好的政策素养，熟练掌握国家外交政策和对外交往原则，而且需要外事人员有很高的业务水平。只有熟悉外事工作的具体流程，才能在各项具体的外事管理工作中把对外政策和具体管理有机地联系在一起，高效地实现外事管理的目标，提高本地区本部门的对外合作水平，更好地维护国家利益。

第一节　外事接待

随着全球化的发展和中国国际地位的不断提高，

中国的国际交往日益频繁，各国领导人、政府官员、公职人员、社会知名人士、企业家访华大量增加。除双边的访问活动以外，还有许多多边性质的国际会议、会晤以及其他国际活动。因此，中国每年接待大量来自其他国家各个层次的外宾，如何做好接待工作，当好东道主，维护和发展与世界各国的友好关系，充分展现国家形象和软实力，是外事管理的重要课题。

一、外事接待的基本原则

外事接待也称礼宾工作，各国外交部都设有礼宾司，专门负责外宾接待工作，可见其重要性。外事接待是政治性和政策性很强的业务，涉及很多机构和人员，需要从全局考量，从细微处着眼。在外事接待中，一般应遵循如下原则。

第一，服从并服务国家外交战略大局。改革开放40多年来，中国形成了全方位、多领域、多层次的对外交往格局，所有领域、所有层次的对外交往都是全方位外交的重要组成部分，都必须服从并服务国家外交战略大局。在外事接待中，礼宾礼仪、会谈会见、参观游览等方面的具体安排都必须服从我国外交总体战略的需要，符合我国的外交政策，为外交工作的大局服务。同时，在任何外事活动场合都要维护中华民族的尊严，维护国家的主权和利益，维护国格、人格，不做任何不利于祖国的事，不说任何不利于祖国的话。

第二，友好对等。对等原则起源于外交实践和外交惯例，后发展成为国际法的基本原则。对等建立在主权平等的基础上，这就意味着在国际交往中，国家无论大小，强弱，贫富，一律平等。在涉外活动中，对大国、小国，强国、弱国，富国、贫国都要一视同仁，平等相待。同时，发扬中国尚礼好客的优良传统，要始终贯彻以礼待客、热情周到的主旨，不仅要充分尊重外宾的风俗习惯和特殊禁忌，而且要坚持"主随客便"的原则，即在我方条件允许的前提下，应尽量照顾、体谅外宾，并且努力满足对方合乎情理的正当要求，在会谈、住宿、饮食、游览等活动中做出细致的安排，从而真正令外宾产生"宾至如归"之感。

第三，执行规定。在许多情况下，对于接待工作中的具体礼宾礼仪规格，有关部门对其中的常规性问题，通常都作出了明文规定。这类关于礼宾规格的明文规定，其规范性、重要性往往较强。2013 年 12 月，财政部印发了《中央和国家机关外宾接待经费管理办法》。该办法本着务实节俭、注重实效的精神，在确保外事活动正常开展的情况下，对住宿、迎送、宴请、交通、赠礼、陪同等事项的规格和标准，都作出了明确的规定。同时规定，重要外宾的接待安排遵照国际惯例及各国的风俗习惯、礼仪礼节。在具体的接待工作中，接待人员必须全面地、不折不扣地贯彻执行。

第四，注重调查研究，做好充分准备。正所谓"没有调查研究就没有发言权"，不打无准备之仗，外事接待的准备工作尤为重要。在准备阶段，首先是要做好调查研究，详细了解来宾访问目的、所谈事项、中国政府的政策和期待，同时还要了解来宾尤其是主宾的基本情况，如职务、年龄、个人经历、政治观念、宗教信仰、个人喜好、饮食禁忌，等等。在此基础上，周密、有针对性地安排迎送、会谈会见、参观访问以及各种后勤保障如食宿、交通等接待方案。还应该对外事接待中可能出现的突发状况做好心理预设，预先拟订应对方案。

二、外事接待的主要内容

外事接待是国家外交外事工作的重要工具，也是中国走向世界舞台中央的重要内推力。外事接待的规格直接反映了两个国家的关系，也从一个侧面反映一个国家的历史传统与文明程度，而外事接待的质量则直接决定了访问的效果。

接待工作千头万绪，黄金祺先生在《外交外事知识与技能》一书中，将外交外事访问的内容归纳为三大类：礼、谈、看，这也正是外事接待的主要内容。

礼是指访问中的各种礼仪性活动，主要包括迎送仪式、各种不同形式的宴请、拜谒纪念碑或陵墓，举行各种仪式如授予荣誉学位、勋章、签字等。这些活动从表面上看很多是技术性、事务性的工作，实际上是一项综合性的外交外事业务和艺术，是任何访问日程的重要组成部分，也是外事接待必须精心安排的工作。尤其是国家元首和政府首脑的接待，体现了一个国家的文化传统、政治风格和外交政策，关乎领导人的形象和国家、民族的尊严，应该严格按照国际惯例和国家外交政策进行，不能有一点疏忽和怠慢，否则有可能引起外交纠纷。

谈是指访问中的各种会谈活动，主要包括会见、会晤、会谈和集会，这类活动是整个接待行程中最具实质性的活动。领导人之间的相见称为会晤。凡身份高的人士见身份低的，或是主人见客人，一般称为接见或召见。凡身份低的人见身份高的人士，或是客人见主人，一般称为拜见。拜见君主，又称谒见、觐见。中国国内不作上述区分，一律统称会见。就其内容而言，会见、会晤有礼节性的、政治性和事务性的，或兼有之。会谈指双方或多方就某些重大的政治、经济、文化、军事问题，以及其他共同关心的问题交换意见，也可以是洽谈公务，或就具体业务进行谈判。接待国家领导人通常安排不同界别的集会，让来访者有机会发表演讲。

看是指访问中的各种参观、游览和文娱活动。表面上看，这一类活动的重要性不如前两项，但这类活动同样具有重要的实质意义，会产生意想不到的效果。除纯工作访问或过路停留没有时间安排这类活动以外，国家领导人的访问无论是国事访问、正式访问还是私人访问，主宾双方都会利用访问时间安排必要的参观游览项目或观看文体表演。对于接待方而言，这是向外宾展示自己悠久的历史、灿烂的文化及现实成就的极佳机会和手段，也有助于来宾在轻松的氛围下增进对我国国情的了解和理解，提升中国软实力。因此，这类活动的重要性不言而喻，需要根据来宾的不同情况，精心作出安排，两国交往史、文化背景、宗教禁忌等都是需要考虑的因素。

三、外事接待的主要活动

外事接待是由一系列的活动组成的，如迎送、会见和会谈、宴请等，通过这些活动，外事实践中的礼得到体现，涉外访问的目的得以实现，组织之间、国家之间得以合作。

（一）迎送仪式

有国际交往，就会有迎来送往，欢迎和送别是接待工作的两个重要环节。一个热情洋溢的欢迎仪式，能给外宾留下美好的第一印象；一个周到特别的欢送仪式，会给外宾留下难忘的回忆。因此，热情迎送，使外宾高兴而来，满意而归，就显得尤为重要。在国际交往中，对外国来访的客人，常常根据其身份、访问性质以及两国之间的关系等因素，确定迎送规格，安排相应的欢迎仪式。世界各国对外国国家元首、政府首脑的正式访问，往往都举行隆重的迎送仪式。对应邀前来的访问者，不管是官方人士、专业代表团，抑或是民间团体、知名人士，在他们抵离时，均应安排相应身份的人员前往迎送。

确定迎送规格，是接待外宾的一个礼遇规格，应根据主管部门接待要求来办。通常情况下，主要迎送人要同外宾的身份对等，以示对客人的尊重。如果由于各种原因不能完全对等时，可灵活变通，由职位相当的人士或由副职出面。在特殊情况下，为了两国的外交关系或政治需要，可打破常规，安排超规格的迎送场面，以示特殊的礼遇。

欢迎人员应在外宾抵达之前到达机场、车站或码头，不能出现让客人等候的情况，外宾抵达时，欢迎人员应按照职务高低站成一列，经礼宾工作人员介绍，一一与外宾握手问候，表示欢迎。送行人员应在客人起程之前到达，按照职务高低站成一列与外宾握手告别，并表示良好祝愿，而且要等到外宾乘坐的交通工具看不见时再离去。

(二) 会见和会谈

会见就其内容来说，有礼节性的、政治性的和事务性的，或兼有之。礼节性的会见时间较短，话题较为广泛。政治性会见一般涉及双边关系、国际局势等重大问题。事务性会见则有一般交涉、业务商谈，等等。会见，尤其是政府领导人之间的会见已越来越频繁和广泛。他们到访他国，不仅会见外国政界人士，而且也广泛会见社会各界。会见谁，何时会见，往往有着深刻的政治意蕴。由此可见，会见已成为政府领导人执行国家对外政策的一种灵活、方便和有效的方式，也是难得的公共外交机会，对增进与他国社会各界的友谊，提升自身形象具有积极的作用。会谈，一般来说内容较为正式，政治性或专业性较强。会谈是实现访问目的的重要途径，合作意向和协议及具体实施办法都是在会谈中达成的。

在外事实践中，对于到访的外宾，会根据其身份及其要求，综合考虑其访问目的及我们的具体情况，安排适当的会见和会谈。在会见和会谈之前，要主动了解对方的主宾情况、出席人员、访问目的、所谈事项等情况，安排合适的人员参加会见和会谈。会见通常安排在会客室或办公室。宾主各坐一边，主宾坐在主人的右边，其他客人按礼宾顺序在主宾一侧就座，主方陪见人在主人一侧就座。双边会谈通常用长方形、椭圆形桌子，宾主相对而坐，以正门为准，主人坐背门一侧，客人面向正门，主谈人居中。[①]

(三) 宴请

宴请是国际交往中最常见的交际活动之一。宴请的目的无非欢迎、告别、答谢、庆祝或者联谊，各国宴请都有自己国家或民族的特点与习惯。国际上通用的宴请形式有宴会、招待会、酒会、工作餐等多种形式，各有其特殊的作用。接待方可根据具体情况作出适当的安排。

宴会为正餐，形式是坐下进餐，由招待员顺次上菜。宴会有国宴、正式宴会、便宴、家宴之分。国宴（State Banquet）是国家元首、政府首脑为国家的庆典或为欢迎外国元首、政府首脑来访而举行的正式宴会，在宴请中规格最高。国宴一般在国家最富有象征意义或最豪华的地点举行。宴会厅可悬挂国旗，席间可演奏国歌和音乐，主宾双方致辞或祝酒。国宴的组织非常严密，需有讲究的请柬、菜单和座位卡，按宾主身份排位就座。有的国家还在请柬上注明服饰要求，即使没有要求，参加国宴也应穿礼服或民族服饰。中国

---

① 《会见、会谈》，中华人民共和国外交部网站，https://www.fmprc.gov.cn/web/ziliao_674 904/lbzs_674975/t9029. shtml。

在接待访华的外国元首和政府首脑的国事访问时，一般在人民大会堂为国宾举行欢迎宴会。

正式宴会（Formal Banquet）的安排大体同国宴相同，只是不挂国旗，不奏国歌。在外事活动中，正式的宴会都会事先安排，会编排位次，布置座签，一般都会由主人或者主宾致辞祝酒。西方国家，正式宴会还分餐前交谈和入席就餐两个阶段。便宴（Informal Banquet）是相对于正式宴会而言的，其宴请的正式程度要低一些，可以电话邀请，座位排序相对自由随便，可以事先安排，也可以临时提议。出席便宴时的服装要求更宽松一些，有时穿着便装也可出席。便宴也可安排即兴致辞、祝酒。家宴（Family Banquet）在形式上比较随便，也是国际交往中常用的宴请形式。它是政治家和外交家广结善缘、互相了解、交换看法、探听情况和达成谅解的理想场所。很多驻外或者驻华使节和外交官经常在家中举行宴请活动。这种活动，尽管是在家中举行，但其正式程度并不降低。涉外工作人员在家宴中也要注意餐桌的礼仪和规范。

招待会（Reception）从礼仪规范和要求上比宴会要低一个层次，也称自助餐（Buffet）或者冷餐会。招待会上，一般是将菜肴、酒水事先安排陈列，就餐者根据自己的口味、喜好和食量自助取食。招待会也会提前发出请柬，但是一般只要求"Regrets Only"，也就是说，如果不能参加的话，才需与主方确认。参加招待会，一般可以晚来早走，中途离席。一般情况下，招待会不特别强调安排足够座席，有时甚至没有座席。这样便于就餐者随时与不同的人共同进餐和交谈。招待会可以安排专门的讲话、致辞和祝酒，也可以不安排。在我国，有时招待会被称为冷餐会，但这并不意味着整个招待会只有凉菜。实际上，它还应包括一些热菜、热汤和热主食。

酒会又称鸡尾酒会（Cocktail, Drinks），是比招待会更为自由的宴请形式，时间可在中午、下午或晚上，请柬上须标明酒会持续时间，客人可在这一时间段内随时到达或离席，但无特殊原因客人一般不宜迟到或过早离席。酒会的主角是各种饮品，其中以酒精饮品为主，也会提供一些佐酒食品，但这些食品并不是作为正餐提供的。酒会可以为主客双方提供广泛接触和自由交谈的场所。酒会尽管灵活随意，但也可用于正式场合。许多国家庆祝国庆时只举行酒会，中国近年来也越来越多地采取这种形式。

工作餐是外交外事活动中主宾双方利用进餐时间

商谈工作或进行会谈的一种宴请方式。工作餐可以分为早、中、晚餐，工作餐最大的特点是简单快捷，用餐形式和内容要求没有那么严格，比较随意些，菜系也不会像国宴那样精细。工作餐实质上能创造一个更好的机会和场合，深入交流看法。通常工作餐只请与工作相关的人，不请配偶。[①]

第二节　因公出国管理

随着我国改革开放的不断深入，全球化加速发展，我国的对外交往日趋频繁。其中出访是我国参与对外交往的重要依托与核心表现形式，是中央国家机关、地方政府、企事业单位和社会组织实现友好交往与对外合作的最直接途径。通过出访，不仅得以促进相关领域的交流与合作，维护和发展我国与其他国家的友好关系，而且可以充分展现我国的国家形象和软实力，促进国家利益的实现。因此，加强对因公出国的管理，是促进对外开放，提升国家形象，维护国家利益和国

---

① 《宴请》，中华人民共和国外交部网站，https://www.fmprc.gov.cn/web/ziliao_674 904/lbzs_674975/t9028.shtml。

家安全的基本要求。

一、因公出国管理的原则

因公出国管理应遵循如下基本原则：

第一，统一领导，统筹协调。外事无小事，出国更是必须认真对待的涉外事务。必须坚持外交大权在党中央，坚决贯彻中央有关出国的政策和相关规定，加强对因公出国管理工作的统一领导，严格出国计划审核，重大问题必须列入党委及外事工作领导小组议事日程，集体讨论决定。同时统筹协调本地区本部门的出访活动，根据各地区各部门的实际情况和工作需要合理安排出国活动，在进行总量控制的基础上确保满足合理的因公出访需求，保证重点出访需求，裁减非必需出访需求。

第二，服务外交，促进发展。服务国家外交大局是所有外事活动的基本原则之一，因公出国管理也不例外。在规划本地区本部门出访活动时，尤其是谋划主要负责人出访活动时，必须围绕国家外交工作大局和对外工作重点，配合国家重大外交活动，结合本地区本部门的经济和社会发展的主要任务，科学合理制订因公出访计划。确保出访在实现具体合作的前提下，既促进部门和地方工作目标的实现，又发挥促进国家间关系，展示国家形象，维护国家利益的作用。

第三，严格管理，做好服务。因公出国管理是一项政策性很强的工作，必须严格按照党中央和国务院指示精神，完善各项管理制度。所有因公出国都要按规定报批。同时要强化服务意识，为对外交流和合作创造良好的政策条件和环境，更好地服务扩大对外开放，服务经济和社会发展。

第四，务实高效、精简节约。因公出国要根据工作需要，因事出访、因事定人，出访目的明确而具体，严格根据出访目的选定团组人员、安排行程，实现出访团组带着实质性任务出访，力争每次出访都能签订合作协议或达成合作意向，实现高效出访。同时严格根据标准将因公出访费用控制在预算范围内，做到不超标准，不超预算。

二、因公出国管理的主要内容

长期以来，因公出国管理工作一直受到党中央和国务院的高度重视，为了确保因公出访的有序高效开展,党中央和国务院颁布了一系列规范性文件,各部门、各地方也出台了相应的规章制度,强化对因公出国的管理。从管理流程看,因公出国管理主要包括出访前的材料管理,出访中的过程管理和出访后的后续管理;从管理内容看,因公出国管理主要包括出访计划报批、立项审批、因公护照办理及管理、因公出国团组签证办理、团组行前培训、监督检查等。

(一)拟订出访计划并报批

根据相关规定,各地区各部门要在综合考虑国家外交大局、本地区本部门工作实际的基础上,按照因事定人的原则,拟订本地区本部门年度因公临时出国计划。各级外事部门负责对因公出国计划进行审核,并提出意见。

(二)出访立项审批

经相关部门审批的出国计划,在实施时应根据归口管理原则,按照审批权限逐案报批,并严格按照审批结果执行出国任务。

负责出国团组审查的外事管理部门按照有关规定和出国计划,对报批材料进行审查,严格掌握审批条件，从严控制出国人员。对不符合规定的团组，一律不予批准；对不合理的团组人员结构和不该派出的团组、人员，提出具体意见，供派出单位研究调整。对审核通过的团组，下达同意出国任务的批准文件，简称出国任务批件。

（三）因公护照管理

出国项目获批后，申请办理出国所需的护照和证件。

我国的因公护照分为外交护照和公务护照。公务护照又分为公务护照和公务普通护照。中国因公护照主要签发给出国执行公务人员。外交护照由外交部签发，主要颁发给中国党、政、军高级官员，全国人民代表大会、中国人民政治协商会议和各民主党派的主要领导人，外交官员、领事官员及其随行配偶、未成年子女和外交信使等。公务护照由外交部、中华人民共和国驻外使领馆或者外交部委托的其他驻外机构以及外交部委托的省、自治区、直辖市和设区的市人民政府外事部门签发，主要颁发给中国各级政府部门县处级副职（含）以上公务员、中国派驻国外的外交代表机关、领事机关和驻联合国组织系统及其专门机构的工作人员及其随行配偶、未成年子女等。公务普通护照由外交部、中华人民共和国驻外使领馆或者外交部委托的其他驻外机构以及外交部委托的省、自治区、直辖市和设区的市人民政府外事部门去签发，主要颁发给中国各级政府部门县处级副职以下公务员和国有企事业单位因公出国人员等。① 但因公出国时间超过半年的，持因私护照。

由于因公护照的公务性质，因此其在管理上有别于因私护照。单位或主管部门按照统一管理、分级保管、层层负责的原则对因公护照进行集中保管。因公出国人员在完成出访任务回国后，必须在规定时间内交回护照，由本单位或上级主管部门登记、保管，保证因公护照只能用于出国执行公务目的。再次出国时，凭出国任务批件领取。逾期不交或不执行证件管理规定的单位和个人，暂停其出国执行公务。

（四）行前教育

外事政策、法规培训和出国教育是各级党校和外事培训内容。为了进一步加强因公出国管理工作，增

---

① 《中国因公出国管理体制及因公护照介绍》，中国领事服务网，http://cs. mfa. gov. cn/zggmcg/hz/hzjj_660445/t1161052. shtml。

强出访人员的政治纪律、组织纪律、保密纪律、外事纪律意识，外事部门严格执行外事培训制度，在出访前对出访人员进行集中培训。

第三节　举办大型涉外活动

随着全球化的发展，世界各国的政治、经济、文化交流越来越多，同时，中国的改革开放不断深入，经济实力不断增强，在中国举办的各种涉外大型活动越来越多。这些大型涉外活动是公共外交的重要平台，既为举办城市提高国际知名度，实施全方位对外开放战略搭建平台，又是展示国家形象，提升软实力的重要渠道。

一、大型涉外活动的特点

涉外活动是指我国各级政府、企事业单位和社会团体举办的、有外宾参与的活动。涉外活动既包括国际组织，外国政府，非政府组织，国外的科技、文化、体育、艺术等公司在我国举办的各种活动，也包括我国各级政府、企事业单位和社会团体在国内外举办的涉外活动，还包括我国各级政府和组织举办的，但涉及在中国境内工作生活的外国人参加的各种活动，包括各种国际会议、体育比赛、演唱会、音乐会、展览、展销等活动。关于大型活动的界定，根据国务院 2007年 8 月颁布的《大型群众性活动安全管理条例》，大型活动是指每场次预计参加人数达到 1 000 人以上的体育比赛活动、演唱会、音乐会、展览、展销等活动。财政部 2012 年 1 月下发的《在华举办国际会议费用开支标准和财务管理办法》对国际会议的规模作了明确的规定：按照会议正式代表（不含工作人员，下同）的人数，在华举办国际会议分为三类：会议正式代表在 300 人以上的，为大型国际会议；会议正式代表在 100人以上、300 人以下（含 300 人）的，为中型国际会议；会议正式代表在 100 人以下（含 100 人）的，为小型国际会议。①

大型涉外活动是一项有目的、有计划、有步骤地组织众多人参与的活动，与一般的大型群众性活动相

---

① 《关于印发〈在华举办国际会议费用开支标准和财务管理办法〉的通知》，中央人民政府网站，2012 年 2 月 15 日，http://www.gov.cn/zwgk/2012-02/15/content_2067743.htm。此文件已于 2015 年被废止。

比，具有如下特点。第一，大型涉外活动参与人员多，成分特殊且复杂。大型活动意味着参与人员众多，涉外则表明参与人员特殊，与我们有着不同的语言、文化背景和风俗习惯，而且大型涉外活动很多是多边活动，参与人员的语言、文化背景、宗教信仰和风俗习惯更是多元化。参加大型活动的人员既有政府官员、专业人员，也有工作人员、服务员，还可能有以个人身份参加活动的平民百姓。第二，大型涉外活动影响广泛。大型涉外活动参与人员多，影响范围必然广，而且为了取得良好的活动效果，大型涉外活动会进行宣传推广，融商业运作、政府资源和媒体优势于一体，往往引起国内外广泛的关注，参与人员又包括一国或多国的人，影响波及全世界。2010 年上海世界博览会共有 246 个国家、地区、国际组织参展，吸引了世界各地 7 308 万人次的参观者。富有特色的大型涉外活动往往给人留下深刻的印象，这种影响具有很强的持续性。第三，大型涉外活动持续时间长。大型涉外活动一般会持续一段时间，2010 年中国上海世博会从 2010 年 5 月 1 日持续至 10 月 31 日；2019 年中国北京世界园艺博览会从 2019 年 4 月 29 日持续至 2019 年 10 月 7 日，展期 162 天。有些大型涉外活动还涉及多个地区，例如环青海湖国际公路自行车赛就在青海、甘肃和宁夏等地举办。

大型涉外活动的这些特点决定了大型涉外活动在给主办地带来经济、政治等方面收益的同时，也给活动的策划、管理等方面带来了挑战。

二、举办大型涉外活动的基本原则

大型涉外活动参与人员多，其举办不仅有利于提升举办地的影响力，促进经济、文化和社会等各方面事业的发展，而且对于提升国家的国际形象，也具有不可替代的作用。因此，举办大型涉外活动一定要遵循特定的原则，确保活动平稳有序进行，达到举办活动的目的，收到预定的效果。

(一) 严格执行计划管理

大型涉外活动的举办，必须根据国家外交大局和部门、地区工作需要，制订活动计划。经外事部门审核后报请上级部门审批。

（二）坚持事前审批

举办大型涉外活动，必须按照审定下达的计划进行立项报批，获得相关部门批准后，方可正式开展工作。各单位未经批准，不得擅自举办各种类型的涉外活动，也不得对外申办或承诺举办。经批准同意申办的活动，主办或承办单位在对外申办过程中，不得作出超出授权范围的承诺或承担额外的义务。各地方、各单位邀请外宾来访应当按照有关外事管理规定，严格执行计划审批规定。未经批准或授权，不得对外发出正式邀请或作出承诺。

（三）务求节俭，讲求实效

举办大型涉外活动，应注重统筹规划，全面权衡成本与收益，严格按照财政部下发的《中央和国家机关外宾接待经费管理办法》，科学、规范、合理地编制预算，并本着"勤俭办外事"的原则，严格控制活动数量、规格和规模，力求节俭；同时要通过各种方式加强宣传，扩大影响，增强活动效果，提升活动的实效。

三、举办大型涉外活动的注意事项

大型涉外活动参与人员多，涉及的相关部门也多，受到国内外广泛关注，这些都向大型涉外活动的主办单位提出了更高的要求。

(一) 精心策划

大型涉外活动的策划和准备工作直接关系到活动的成败，是整个活动的关键所在。大型涉外活动的主办和承办单位要加强前期调研，根据工作重点和实际需要，制订详细的活动方案和工作流程。从宏观的活动策划、场地布局、人员邀请、组织接待、新闻报道、安全保卫，到微观的安排会见、宴请安排、交通通信、住宿安排、赠送礼品，等等，都需要周全考虑，精心筹划，做好充分的准备。此外，大型涉外活动需要大量的志愿者，必须提前做好志愿者的招募、选拔、培训等工作。

(二) 突出主题

特色鲜明和主题突出是涉外活动的灵魂，是打造大型涉外活动品牌效应的关键。因此，在策划大型涉外活动时，主办单位应结合国内外形势，根据大型涉外活动的目标，结合举办地的地理位置、气候条件和历史文化传统，充分凝练并利用举办地区的位置优势和资源优势，突出举办地的地域特色和文化特色，将其作为筹划大型涉外活动的基础，推出立意新颖、内涵丰富的活动主题。围绕着主题，设计一系列内容丰富，形式多样的活动。例如，每届哈尔滨国际冰雪节围绕着冰雪，结合国家重大事件和本地区中心工作设计主题。2008 年，中国第一次举办奥运会，冰雪节的主题是"冰雪奥运"，用神奇秀美的冰雪世界参与奥运、奉献奥运、祝福奥运。2017 年的主题是"冰雪之冠上的明珠——哈尔滨"，启动冰雪旅游、冰雪艺术、冰雪时尚、冰雪经贸、冰雪体育等 5 大类活动。冰雪经贸方面主要包括举办冰雪节经贸洽谈会、冰雪节合作项目签约仪式、中国企业家论坛年会、哈尔滨国际冰雪之约、冰雪体育高端论坛等活动；冰雪体育方面主要举办国际冰球邀请赛、亚洲冰球联赛、哈尔滨国际冬泳邀请赛、哈尔滨市家庭冰上趣味运动会等。

（三） 把准规格

一个大型涉外活动的规格是衡量活动是否成功的标准之一。一般说来，重要外宾的参与有助于提升大型涉外活动的层次和影响力。他们的参与，不仅能烘托出活动举办地浓厚的国际化氛围，确保活动的影响力，而且还能极大地推动举办地的国际化进程。为此，举办方应高度重视邀请工作，精准把握规格，邀请外宾的范围与层次应与活动规格相适应，与主题相契合，与目标相匹配，符合总体规划。外国在任或前任领导人、外国驻华使节、国际友好城市市长、国外有影响力的国际友人、海外华侨华人代表、世界500强企业领袖等著名人士常常成为被邀请的对象。他们的参与吸引着海内外媒体的关注，这不仅可以扩大活动的影响力，而且会提升活动举办地的国际形象和软实力，对于举办地而言，这无疑可以促进其对外开放和开展经济、教育、文化等领域的对外合作。

（四） 确保安全

举办大型涉外活动，必须把安全放在第一位，确保万无一失，否则，出现一起安全事故，就足以宣告大型涉外活动的失败。大型涉外活动由于影响广泛，容易成为敌对势力或恐怖主义攻击的目标，而参与人员多、持续时间长给安全保卫工作带来了巨大挑战。因此，举办大型涉外活动必须把安全保卫工作放在重中之重。

根据国务院关于举办大型群众性活动的要求，主办方应该制订安全工作方案，取得许可。安全方案主要内容包括：活动的时间、地点、内容及组织方式；安全工作人员的数量、任务分配和识别标志；活动场所消防安全措施；活动场所可容纳的人员数量以及活动预计参加人数；治安缓冲区域的设定及其标识；入场人员的票证查验和安全检查措施；车辆停放、疏导措施；现场秩序维护、人员疏导措施；应急救援预案。如有国家元首、政府首脑及重要外宾参加，应该按照相应的规定启动不同等级的安保方案。大型涉外活动主办方同时应事前向国家安全机关通报。

第四节　涉外案（事）件的处置

改革开放后，随着对外开放的不断推进，加之全球化的发展导致资本、人员等要素的全球化流动，国际组织、外国政府及跨国公司等到中国设立办事机构的越来越多，来中国就业、求学、生活和旅游的外国人不断增加，随之而来的是各种涉外案（事）件数量不断增长。涉外案（事）件由于涉及外国机构或外国人，其处置既关系到保护中外公民和法人的合法权益，营造良好的社会环境，又关系到维护国家主权和安全，维护国家信誉和形象，因此，妥善处理各种涉外案（事）件是外事管理的重要内容。

一、涉外案（事）件的特点

一般来说，涉外案（事）件主要是指发生在我国境内，涉及外国和外国人（法人和自然人）的案（事）件。大致可将之分为两类，一类是涉外案件，主要包括各种涉外民（刑）事案件和社会治安案件，如抢劫、诈骗、毒品走私、"三非事件"（非法入境、非法居留、非法就业），等等，主要由公安机关、国家安全机关、检察院和法院按照法定程序处理，外交外事部门提供协助；另一类是涉外事件，主要指各种涉外事件，大到外国人聚集发生的罢工、罢课、游行示威等群体性事件、外国人死亡事件，小到外国人丢失财物、旅游被困，等等，主要由外事部门协调处理。由于涉外案（事）件有外国因素，与同类的国内案（事）件相比，具有如下特点。

第一，敏感性。涉外案（事）件涉及外国，极易引起国内外关注而形成热点事件。大多涉外案（事）件都是稀疏平常的小事，如外国人在中国犯罪，外国人与中国人发生纠纷，都可以按正常程序依法处理。但如果引起媒体炒作，将涉外案（事）件的负面效应成倍地放大，在国外造成不良影响，对中国的国际形象产生不利影响。如果外国人身份特殊，反映到外国驻华使馆，还有可能引起外交交涉。另一方面，涉外案（事）件还牵动国内民众的神经，掺杂爱国主义感情和民族主义情绪等因素，处置起来极其敏感。

第二，复杂性。涉外案（事）件涉及人员复杂，当事人一方或双方为外国人，他们的宗教信仰、历史文化和风俗习惯不仅与我国差异很大，而且彼此之间也有差异；涉外案（事）件的成因复杂，涉外案（事）件的形式多种多样，成因也五花八门，有蓄意而为的，也有偶然突发的，这给防范和处置增加了难度；涉外案（事）件处理依据复杂，处理涉外案（事）

件，既要遵从中国法律法规，又要信守国际条约及双边条约。同时，处理涉外案（事）件通常涉及国内众多主管部门，这些部门各有自己的权限范围和办事规程，也增加了处理涉外案（事）件的复杂性。

第三，突发性。很多涉外案（事）件的发生都是没有征兆的，尽管有些涉外案（事）件经过长时间的积累、酝酿，但其发生是以突发事件的形式出现的，出乎意料、突然引发是很多涉外案（事）件的基本特点。刑事犯罪、车祸、飞机失事、打架斗殴、旅游意外等很多涉外案（事）件在发生之前往往没有明显预兆，事件突如其来，基本上来不及或难以防范。而且事件一旦发生，由于其复杂性导致可控性较差，往往容易产生次生灾害。

二、处置涉外案（事）件的原则

涉外案（事）件的处置不仅涉及维护社会秩序，而且事关国家主权和安全，还影响中国的对外关系。处理得好，可以有效地维护社会秩序和国家利益；处理得不好，会影响我国的对外关系，损害国家尊严和国际形象。因此，处理涉外案（事）件是一项政治性、政策性很强的工作，必须坚持原则，严格依法依规，遵循既定的程序。在处理涉外案（事）件时，一般应遵循如下原则。

第一，维护国家主权和尊严。我国是一个独立自主的主权国家，对我国境内的外国人行使完全的管辖权。《中华人民共和国宪法》第三十二条规定："中华人民共和国保护在中国境内的外国人的合法权利和利益，在中国境内的外国人必须遵守中华人民共和国的法律。"我国积极保护在中国合法居留、旅行、经商、留学、就业的外国人权益，但外国人在中国境内必须遵守中国法律。在处理涉外案（事）件中，必须坚决维护国家主权和尊严，一律适用中国法律和规定。对享有外交特权和豁免权的外国人犯罪应当追究刑事责任的，通过外交途径解决。对享有外交特权与豁免的外国人、外国组织或者国际组织提起的民事诉讼，应当依照中华人民共和国有关法律和中华人民共和国缔结或者参加的国际条约的规定办理。①

第二，信守国际条约。遵守国际条约是国际法的重要原则，一个合法缔结的条约，在其有效期内，当

---

① 《中华人民共和国民事诉讼法》，第二百六十一条。

事国有依约善意履行的义务。一旦违反，就会受到相关国家的抗议及国际舆论的谴责，损害国家的国际信誉。因此，在处理涉外案（事）件时，必须遵守我国参加的国际公约（我国声明保留的条款除外）和与外国签订的双边条约和协定。即使国际条约及双边条约或协定与中国法律和规定发生冲突，也应严格遵守国际条约及双边条约或协定，不得以国内法律或者规定为由拒绝履行中国所承担的国际条约规定的义务。国际惯例是各国在长期交往过程中形成的具有约束力并反复适用的一种习惯性规范，尽管不成文，但也是国际法的表现形式，所以在处理涉外案（事）件过程中，也应当遵循国际惯例。

第三，当事人在民事权利、义务方面一律平等。国民待遇原则是世界贸易组织的基本法律原则之一，指在民事权利方面，一个国家应该给予在其境内的外国企业和公民与国内企业、公民同等待遇。我国《中华人民共和国宪法》也明确规定："中华人民共和国保护在中国境内的外国人的合法权利和权益"，这其中包括了在诉讼和非讼案（事）件中的合法权利和利益。这就意味着，在处理涉外案（事）件时，外国企业和外国人应享有和承担与中国企业和公民同样的诉讼权利和义务，在适用法律上一律平等。《民事诉讼法》和《行政诉讼法》都有相关的规定。《民事诉讼法》规定："外国人、无国籍人、外国企业和组织在人民法院起诉、应诉，同中华人民共和国公民、法人和其他组织有同等的诉讼权利义务。"[①]《行政诉讼法》规定：外国人、无国籍人、外国组织在中华人民共和国进行行政诉讼，同中华人民共和国公民、组织有同等的诉讼权利和义务。[②]

第四，对等和互惠。对等和互惠原则是各国普遍接受和广泛适用的国际法准则。所谓对等原则就是指国家与国家彼此以同样或类似的行为来解决它们（包括国家、法人和自然人）之间的关系，包含相互性和平等性两个含义。互惠原则指一国以其本国国民在另一国享有同样的优惠为条件，给予另一国国民以某种优惠，包含相互性和优惠性两个含义。[③]在处理涉外案（事）件时，如果外国给我们以某种优遇，我们即给予相对等的回报。如果外国对我国组织和公民的权利加以限制，我们便可以采取相应的限制措施，以使我国

① 《中华人民共和国民事诉讼法》，第五条。
② 《中华人民共和国行政诉讼法》，第九十九条。
③ 张亚非：《浅论对等和互惠原则及其作用》，《社会科学》1984年第10期。

公民和组织在他国同样事件中的权利与他国公民和组织在我国的权利对等。《民事诉讼法》第五条明确规定：外国法院对中华人民共和国公民、法人和其他组织的民事诉讼权利加以限制的，中华人民共和国人民法院对该国公民、企业和组织的民事诉讼权利，实行对等原则。[①]《行政诉讼法》规定：外国法院对中华人民共和国公民、组织的行政诉讼权利加以限制的，人民法院对该国公民、组织的行政诉讼权利，实行对等原则。[②]

第五，委托或指定我国律师，使用我国通用的语言文字。世界各国为实现国家主权，保证司法管辖权的统一行使，一般都在诉讼活动中使用本国语言文字，而且不允许外国律师在本国执业。我国也不例外。涉外诉讼的审理活动，法院均使用中国通用的语言文字，原告的语言障碍通过聘请翻译解决，而且，必须聘请中国律师。《民事诉讼法》规定：人民法院审理涉外民事案件，应当使用中华人民共和国通用的语言、文字。当事人要求提供翻译的，可以提供，费用由当事人承担。《民事诉讼法》规定：外国人、无国籍人、外国企

[①] 《中华人民共和国民事诉讼法》，第五条。
[②] 《中华人民共和国行政诉讼法》，第九十九条。

业和组织在人民法院起诉、应诉，需要委托律师代理
诉讼的，必须委托中华人民共和国的律师。①《行政诉
讼法》规定：外国人、无国籍人、外国组织在中华人
民共和国进行行政诉讼，委托律师代理诉讼的，应当
委托中华人民共和国律师机构的律师。②

三、处置涉外案（事）件的注意事项

处置涉外案（事）件复杂而敏感，必须坚持原则，
在法律和政策的框架内处理问题，但还需在坚持原则
的前提下保持一定的灵活性，综合考量，全面权衡，
只有这样，才能妥善处理各种涉外案（事）件。

（一）严格请示报告制度

"外事无小事，遇事多请示"，③ 涉外案（事）件
更是如此，它不仅事关公民合法权益的保障，还涉及
外国人国籍国的外交保护和领事保护，而且事关我国
与他国的外交关系，涉及我国遵守国际条约和尊重国

---

① 《中华人民共和国民事诉讼法》，第二百六十二、第二百六十三条。
② 《中华人民共和国行政诉讼法》，第一百条。
③ 张兵：《周恩来的外交点滴：外事无小事，遇事多请示》，《湘潮》2015
年第7期。

际惯例的国际信誉。因此，在办理涉外案（事）件的过程中，更要严格执行请示报告制度，主动征求意见，按程序及时通报情况，牢牢把握工作的主动权。根据《外交部、最高人民法院、最高人民检察院、公安部、国家安全部、司法部关于处理涉外案件若干问题的规定》，遇到对外国人实行行政拘留、刑事拘留、司法拘留、拘留审查、逮捕、监视居住、取保候审、扣留护照、限期出境、驱逐出境的案件，外国人在华死亡事件或案件等情况，公安机关、国家安全机关、人民检察院、人民法院，以及其他主管机关应当将有关案情、处理情况以及对外表态口径于受理案件或采取措施的四十八小时内报上一级主管机关，同时通报同级人民政府外事办公室。同级人民政府外事办公室在接到通报后应当立即报外交部。案件了结后，也应当尽快向外交部通报结果。在外国驻华领事馆领区内发生的涉外案件，应通知有关外国驻该地区的领事馆；在外国领事馆领区外发生的涉外案件应通知有关外国驻华大使馆。一般由主责部门负责通报。

（二）各级各类主管部门应密切配合，加强协作

涉外案（事）件的处理是一个系统工程，除了外办归口管理，还往往涉及很多其他部门。例如，一起严重的交通事故，就可能会涉及交通管理、卫生健康、消防等部门，其他涉外案（事）件也是如此。由于涉外案（事）件高度敏感，这就需要各涉外部门克服本位主义，加强相互间的沟通，及时通报信息，建立统一的信息平台和情报信息网络，实现信息共享；健全涉外案（事）件处置机制，加强各部门之间的协调与配合，建立涉外案（事）件处置协作平台，使参与涉外案（事）件处置的各部门职责明确，各司其职，又能够密切配合，相互协作；规范涉外案（事）件处置流程，明确调查、请示、通报、查处、对外交涉等具体工作环节的程序和时间节点，使涉外案（事）件处置的各环节归口明确，衔接紧密，确保涉外案（事）件得到快速稳妥的处置。

（三）服从国家外交大局，尊重外国人的宗教信仰和风俗习惯

毫无疑问，涉外案（事）件的处理必须依照我国法律和国际条约，以事实为依据，以法律为准绳。但有些涉外案（事）件不仅是司法问题，还是外交问题，因此，涉及具体案（事）件，必须从国家整体利益出

发，充分考虑国家对外政策和外交大局的需要，认真考量案（事）件背后涉及的各种因素及国家之间的关系，综合运用治安、刑事、入出境等相关法律和国际公约，坚持灵活性与原则性的统一。同时，由于外国人有不同于我们的宗教信仰、风俗习惯和禁忌，因此，在办案过程中，要充分尊重外国人的宗教信仰和风俗习惯，注意其在生活和饮食方面的禁忌，这样容易获得外国人的认可，进而配合案（事）件的处理。否则，不仅不利于案（事）件的处置，而且可能会引起对方的反感，严重的还有可能发生外交交涉。

（四）及时处理涉外案（事）件，注重程序和证据

涉外案（事）件一旦发生，有关部门就要迅速反应，及时采取有效的措施加以处理。外国人流动性大，如果不及时处理，有的证据就可能收集不到，或者错失良机，造成外国人逃避处罚的情况；而且，多数案（事）件是突发事件，如果不及时处理或者处置失误，极容易造成事态扩大和矛盾升级，导致次生灾害的发生。因此，及时快速反应是处理涉外案（事）件的基本要求。"及时通常包括：及时发现情况；及时赶到现

场；及时调查处理；及时汇报请示；选择时机，及时处理。"[1] 由于涉外案（事）件的敏感性，在处理时，更要严格依法办案，注重程序和证据。调查、取证、采取各种措施、作出处理决定等，每个环节都必须符合法定的程序。同时注重调查研究，弄清案（事）件的真实情况，掌握充分、确凿、具有法律效力的证据，定性、处罚要有法律依据，真正做到事实清楚、证据可靠、定性准确、处理得当。

（五）及时发布信息，注重舆论引导

涉外案（事）件容易引起国内外尤其是国外媒体的关注，西方一些国家的主流媒体出于根深蒂固的意识形态偏见，通常会借机对中国进行负面报道，在国际上造成对中国不利的舆论环境，损害中国的国际形象。因此，在处置涉外案（事）件过程中，注重舆论引导也是处置工作非常重要的一环。事实证明，采取封锁消息的方式，并不能够平息事件，反而容易导致谣言满天飞，增加处置工作的难度。因此，案（事）件发生后，在可能的情况下，要尽快召开新闻发布会，

---

[1]　邵振翔主编《涉外公安知识问答》，中国方正出版社，1994，第210—211页。

同时通过官方网站和官方微博，及时、准确发布有关案（事）件的进展情况，统一对外口径，掌握话语权。在涉外案（事）件的舆论引导中，政府部门之间、政府部门与媒体之间要保持良好的互动关系，有效地引导国内舆论和国际舆论，尤其要注意加强对新媒体的引导和管理，管控网络舆论，最大限度地防止境外媒体的炒作。

思考题

1. 如何做好外事接待？

2. 因公出国管理有哪些主要环节？

3. 举办大型涉外活动有哪些关键环节？

4. 涉外案（事）件的处置需要遵循哪些原则？

第七章　外事管理实践创新

改革创新是中国共产党的优良传统，新中国成立以来，中国共产党紧紧围绕中心任务，根据国内外形势的变化，不断改革完善外事管理体制机制，形成了卓有成效的工作方式。"党的历代中央领导集体都进行了各具特色的外交理论和实践的探索创新，推动我国外交事业不断迈上新台阶，达到新高度。"① 党的十八大以来，以习近平同志为核心的党中央开拓进取，在保持外交大政方针连续性和稳定性的基础上，开拓进取，推进外交理论和实践创新，提出了一系列新理念新思想。在这些新理念新思想的指导下，外事管理实践也不断创新，出台了一系列新思路新举措，在利用

---

① 人民日报评论员：《不断开创外交理论和实践创新的新境界》，《光明日报》2014 年 12 月 2 日，第 2 版。

外交外事资源服务国内发展，外事助力国家外交方面，取得了显著成效。

第一节　统筹外交外事资源服务国内发展

外交与内政是两个相对独立的领域，但它们又是密不可分的。一方面外交是内政的延伸，一切外交活动都是以内政为基础的，国家的实力是外交的坚强后盾；另一方面，外交也会影响内政，成功的外交能为国家谋取最大的利益，促进国内的发展。党的十八大以来，外交在服务国内发展方面做了大量工作，取得了良好的成效。

一、外交外事服务国内发展的理念

外交外事为国内发展服务，一直是中国外交外事的指导思想。新中国成立初期，外交的主要目标是扩大中国的朋友圈，取得国际社会的支持。从 20 世纪 70 年代末开始，党和国家以经济建设为中心，外交外事工作要配合国家经济建设这一中心工作就成为非常明确的指导思想。改革开放的总设计师邓小平指出："要实现四个现代化，就要善于学习，大量取得国际上的帮助。我们引进先进技术，是为发展生产力，提高人民生活水平。我们的对外政策，就本国来说，是要寻求一个和平的环境来实现四个现代化。我们实行经济开放政策，争取利用国际上的资金和先进技术，来帮助我们发展经济。"① 由此可见，外交外事的目标是为国内建设争取一个和平的国际环境，同时，为国内发展服务。这一指导思想的本质没有变化，其具体内容会随着形势的发展有所调整。

20 世纪 90 年代初，国际格局经历了重大调整。江泽民总书记审时度势，指出，冷战结束后，大国之间将越来越注重综合国力的竞争，这将成为决定中国前途命运的主导因素。我们要实现中华民族的伟大复兴，必须坚持发展是硬道理的战略思想，不断增强我国的经济实力、国防实力和民族凝聚力。江泽民同志强调，外交工作的根本任务就是要进一步巩固和发展有利于我国的和平国际环境特别是和平周边环境，为我国改革开放和经济建设服务，为祖国统一大业服务，为国

① 《邓小平文选》第二卷，第 133、第 241、第 405 页。

家和人民的利益服务。归根结底就是一句话,外交工作要坚定不移地维护国家和民族的最高利益。①

2006 年 8 月,中央召开历史上第一次中央外事工作会议,胡锦涛总书记发表讲话指出:新世纪新阶段的外事工作,要紧紧围绕发展这个党执政兴国的第一要务,维护和用好重要战略机遇期,维护国家主权、安全、发展利益,努力为中国改革开放和社会主义现代化建设营造良好国际环境和有利外部条件。2009 年 7 月,在我国第十一次驻外使节会议上,胡锦涛总书记强调指出:"新形势下,外交工作同国家发展的关系更加紧密,必须依靠发展、服务发展、促进发展,切实维护全方位对外开放条件下我国发展利益。当前和今后一个时期,外交工作要把有效应对国际金融危机冲击、保持经济平稳较快发展,为保增长、保民生、保稳定服务作为重要任务,积极参与应对国际金融危机冲击、推动恢复世界经济增长的国际合作,积极推进我国同各国的务实合作。"②

2014 年 11 月,在中央外事工作会议上,中共中央

---

① 李肇星:《新时期外交工作的宝贵精神财富——学习江泽民同志外交思想的体会》,《人民日报》2006 年 9 月 30 日,第 2 版。
② 《第十一次驻外使节会议在京召开》,《人民日报》2009 年 7 月 21 日,第 1 版。

总书记习近平发表讲话强调，要高举和平、发展、合作、共赢的旗帜，统筹国内国际两个大局，统筹发展安全两件大事，牢牢把握坚持和平发展、促进民族复兴这条主线，维护国家主权、安全、发展利益，为和平发展营造更加有利的国际环境，维护和延长我国发展的重要战略机遇期，为实现"两个一百年"奋斗目标、实现中华民族伟大复兴的中国梦提供有力保障。习近平总书记强调：在推进对外工作实践中，要着眼于新形势新任务，积极推动对外工作理论和实践创新。① 根据习近平总书记外交工作要积极为国家经济社会发展服务的指示精神，外交部深入贯彻落实习近平总书记指示精神，统筹考虑和综合运用国内国际两个市场、两种资源、两类规则，在服务国家改革发展方面积极出台新思路，推出新举措。②

二、外交外事服务国内发展的主要举措

作为政府外交的主体，外交部一直将服务国内发

---

① 《中央外事工作会议在京举行》，《人民日报》2014 年 11 月 30 日，第 1 版。

② 外交部党委：《中国特色大国外交开拓进取的五年》，《求是》2017 年 9 月 30 日。

展作为重要任务之一，不断根据国内外形势的变化调整工作内容和方式。党的十八大以来，外交部更是在全面建成小康社会，实现"两个一百年"奋斗目标的愿景之下，适应新形势，解决新问题，充分发挥外交外事资源优势，更加积极有为地做好服务改革开放和高质量发展。国务委员兼外交部长王毅在2019年"两会"记者招待会上表示：服务国内发展是中国外交的重要使命。近年来，我们着力打造外交服务发展的三大平台：一是以主场外交为平台，提升各个地方主办城市的国际知名度和发展格局。二是以共建"一带一路"为平台，支持各地方同沿线国家开展交流合作。三是以外交部省区市全球推介活动为平台，重点协助中西部地区扩大对外开放。①

坚持"办好一个会，搞活一座城"，带动主场外交主办城市开放发展。党的十八大以来，习近平总书记审时度势，大力推动中国主场外交。2014年，中国举办了亚信上海峰会和亚太经济合作组织（APEC）北京峰会两场主场外交。2015年，中国在北京举办了中国—拉共体论坛首届部长级会议和纪念中国人民抗日战

① 《王毅在十三届人大二次会议举行的记者招待会上就中国外交政策和对外关系答中外记者问》，《人民日报》2019年3月9日，第5版。

争暨世界反法西斯战争胜利 70 周年大会，在苏州举办了第四次"16+1"中国—中东欧领导人会晤等主场外交。2016 年，澜沧江—湄公河合作首次领导人会议在三亚召开，二十国集团（G20）第十一次峰会在杭州举行。2017 年，中国举办了首届"一带一路"国际合作高峰论坛、金砖国家领导人厦门会晤、中国共产党与世界政党高层对话会等重要主场外交。2018 年，中国举办了博鳌亚洲论坛年会、上海合作组织青岛峰会、中非合作论坛峰会、首届中国国际进口博览会等主场外交。2019 年，中国有四场主场外交：第二届"一带一路"国际合作高峰论坛、2019 年中国北京世界园艺博览会、亚洲文明对话大会、第二届中国国际进口博览会。除了首都北京，中央还选择上海、杭州、厦门、青岛、苏州、三亚等城市作为主办城市，通过主场外交带动这些城市的全方位发展，同时提升城市的国际形象和国际知名度。2018 年 6 月 10 日，上海合作组织青岛峰会成功举行，这是上合组织成立以来规模最大、级别最高、成果最多的一次峰会。习近平总书记对峰会的成功举办给予了充分肯定，并强调举办上合峰会，为青岛、山东的发展带来了新的机遇，希望放大办会效应，开拓创新，推动各项工作再上新台阶。事实证明，峰会提升了青岛的国际竞争力、国际影响力、国际成长力、国际吸引力和国际支撑力，借力峰会，青岛向世界递出了城市名片，打开了机遇之窗。峰会后，一批海洋科研项目取得成功：海洋试点国家实验室自主研发的万米级水下滑翔机全球首次突破水下8 000米持续观测；中科院海洋大科学研究中心获批建设；我国首艘载人潜水器支持母船"深海一号"下水。2018年11月，青岛轨道交通产业示范区揭牌，同时组建国家高速列车技术创新中心。示范区已形成了完整的高速列车及轨道交通装备技术创新体系和产业集群。搭载峰会的"合作快车"，青岛企业纷纷扬帆出海。海尔、海信、青岛啤酒、双星等老牌企业纷纷走出青岛走向国际市场，规模和实力快速扩张。青岛海尔投资5 000万美元在俄罗斯开设新工厂，第10万台海尔"俄罗斯造"冰箱下线；青岛电建三公司在巴基斯坦建设赫维利燃机电站，创下了燃机从就位到点火仅用72天的世界最快纪录……旅游业在峰会效应带动下，也呈现井喷式增长。[①]

党的十八大以来，外交部以共建"一带一路"为

---

① 刘艳杰：《办好一次会搞活一座城——青岛放大峰会效应推动高质量发展》，《光明日报》2019年1月15日。

平台，为各地方对外合作铺路架桥。"一带一路"倡议提出后，外交部积极予以贯彻落实，建立了一系列多边、双边的合作机制和平台，促进地方政府及企业与沿线国家的合作，成效显著。2017 年 5 月，"一带一路"国际合作高峰论坛在北京举办，国内 16 个省区市的代表同来自 130 多个国家和 70 多个国际组织的高官、企业家等对接交流、商洽合作，为我国地方扩大对外开放、促进经济社会发展提供了新抓手。① 各地积极融入"一带一路"，不断扩大开放的实效体现在对外贸易上。2019 年，很多地方与"一带一路"沿线国家的贸易额稳步增加。如湖南与"一带一路"沿线国家贸易额增长 54%；甘肃对"一带一路"沿线国家进出口更是占到外贸总值的一半以上。②

为贯彻落实习近平新时代中国特色社会主义和习近平外交思想，宣讲新时代中国特色大国外交理论与实践，服务国内开放发展，从 2017 年起，外交部外事管理司相继推出"外交外事服务走部委""外交外事

---

① 王毅：《"一带一路"建设在新起点上扬帆远航》，《求是》2017 年第 11 期。

② 《2020 年，各地将如何参与建设"一带一路"》，"走出去"公共服务平台，2020 年 6 月，http://fec.mofcom.gov.cn/article/fwydyl/zgzx/202006/20200602969113.shtml。

服务走地方""外交外事知识进党校""外交外事知识进高校""外交外事服务走企业"系列活动。"外交外事服务走部委"借助走访谈心的形式，深入听取各部委外事部门意见建议，就具体问题开展调研；"外交外事服务走地方"旨在加强外交部与地方的沟通交流，帮助地方更好地了解党中央对外方针政策，更好地服务国家总体外交和地方开放发展；"外交外事知识进党校"通过向参训干部介绍国际形势，当前外交工作的热点问题及党中央在外交外事工作方面的新理念新思路，有助于地方外事干部深入了解国际形势，增强对外交往意识，提高统筹国内国际两个大局的能力，强化党对外事工作的集中统一领导；"外交外事知识进高校"通过向高校师生宣讲新时代中国特色大国外交的新使命、新目标、新举措，帮助广大师生深入了解党的外交方针政策和党的十八大以来中国在对外工作方面取得的成就，有助于学生正确认识世界和中国发展大势、正确认识中国特色和国际局势、正确认识时代责任和历史使命，对学生思考问题、认清形势是一种正面引导，对学校培养具有国际视野的综合性人才有重要影响。①"外交外事服务走企业"通过向企业解读政策，提供信息，对接企业需求，有助于企业了解国际形势和外交外事知识，更好地"走出去"，参与共建"一带一路"，开展国际合作。

三、案例：外交部省区市全球推介活动

在外交部推出的利用外交外事资源服务国内发展的平台中，省区市全球推介活动在国内外影响大，成效显著。外交部要为国家发展提供更好的外部环境，开创更多的外部资源，而国家的发展是由各个省区市的发展汇聚起来的。所以，服务国家发展的一个很重要的着眼点，就是要服务于各个省区市的发展。全球推介活动，就是外交部服务国内发展、加强中外合作的一个新举措。

2015 年 12 月，在全国地方外办主任会议期间，时任外交部长的王毅正式提出这一设想，并将其作为2016 年外交部支持地方外事 10 项举措之一。2016 年 3

---

① 《外交部"外交外事知识进高校"山东站活动成功举行》，中华人民共和国外交部网站，https://www.fmprc.gov.cn/web/wjb_673085/zzjg_673183/wsgls_674701/xgxw_glj_674703/t1547336.shtml。

月2日，外交部举办以"开放的中国：从宁夏到世界"为主题的首场省区市全球推介活动，拉开了外交部省区市全球推介活动的序幕，来自100多个国家的驻华使节和国际组织驻华代表出席活动。王毅在讲话中表示，外交部希望以此次推介会这一新举措、新平台为新起点、新开端，为国家发展做好服务，为地方开放创造条件，为驻华使团了解中国国情打造平台。[①]此后，外交部先后为宁夏、广西、陕西、四川、贵州、云南、安徽、吉林、内蒙古、江西、海南、河南、湖北、山东、黑龙江、山西、天津、福建、湖南、青海等20个省区市和河北雄安新区举办了21场省区市全球推介活动，并于2021年4月为湖北举办全球特别推介活动。出席22场推介活动的各国驻华使馆外交官4 560人次，其中大使、临时代办和国际组织驻华代表2 000多人次，中外知名企业代表770多人次，中外记者2 200多人次。[②]

外交部省区市全球推介活动，具有如下特点。第一，注重顶层设计，根据中央工作重心和重大事件确

---

① 《今天是外交部的"宁夏日"》，外交部网站，https://www.fmprc.gov.cn/web/wjb_673085/zzjg_673183/wsgls_674701/xgxw_glj_674703/t1344528.shtml。
② 外交部外事管理司提供信息。

定总主题和主线。2016 年、2017 年推介活动的主题是
"开放的中国"，2017 年党的十九大宣布中国特色社会
主义进入新时代，外交部适时将主题更新为"新时代
的中国"。2018 年是改革开放 40 周年，推介活动围绕
庆祝改革开放 40 周年展开，2019 年是新中国成立 70
周年，推介活动围绕"新时代中国，70 年成就"展
开，2020 年，受新冠肺炎疫情影响，外交部未举办推
介活动。具体到每一次推介活动，紧紧围绕党中央对
被推介省区市的定位和要求确定推介主题。外交部与
地方政府共同精心设计方案，并报国务院审批。2016
年 12 月，贵州推介活动的主题是"开放的中国：多彩
贵州风行天下"；2017 年 4 月，安徽推介活动的主题是
"开放的中国：锦绣安徽迎客天下"；2018 年 2 月，海
南推介活动的主题是"新时代的中国：美好新海南共
享新机遇"；2019 年 2 月，山西推介活动的主题是
"新时代的中国：山西新转型共享新未来"。第二，领
导高度重视，统一领导，加强协调，注重务实合作。
时任国务委员兼外长的王毅高度重视推介活动，多次
作出批示指示，强调推介活动"重在为经济发展对外
开放做实事"。各省区市成立由省委（区委、市委）
书记、省长（自治区主席、市长）双挂帅的工作领导

小组，由省委常委牵头负责，统一领导，外交部成立推介活动筹备工作协调小组，各方各司其职，协调配合，保证推介活动筹备工作有序开展。国务委员兼外长王毅出席了每一场推介活动并致辞，外交部党委书记和主管部领导出席，为地方发展和开放站台，地方主要领导带领地方各部门和各地市负责人参加，书记、省长亲自介绍当地情况。推介活动期间，有针对性地举办专题商务座谈会，让各地与跨国公司交流对接，同时组织使节团赴被推介省区市访问，加深了解，创造合作机会。第三，坚持精品意识，按照细致、精致、极致的要求不断改进完善各个环节。每一项内容都经得起事实和历史的检验，每个省区市的宣传片都经过认真细致的推敲，并通过图片及文字、实物模型、品尝展演充分展示每个地方的历史文化古韵、壮丽秀美的河山及辉煌的发展成就。2017 年 6 月 13 日，外交部吉林全球推介活动在北京举行，主题是"开放的中国：精彩吉林相约世界"。在嘉宾媒体签到区，以长白山天池山花盛开的初夏景色为主背景，在展厅入口处布置了一幅吉林雾凇与长白山远景相结合的美丽画卷，无声的美景给观众留下深刻印象。在主展区，划分为"活力吉林""美好吉林""开放吉林""人文吉林"和

"和谐吉林"五大板块，着力从重点产业和创新驱动、生态环境和旅游风光、战略定位和开发开放、人文历史、民族和谐等方面推介精彩吉林。① 第四，注重用全球视野，国际语言讲好地方故事，同时加大传播力度。跨文化沟通一直是对外交流中的重点和难点，在推介活动中，外交部与被推介省区市通力配合，充分考虑到推介对象的文化背景，用包括外国使节在内的外国人喜闻乐见的形式，综合运用视频、图片、实物模型和展演等方式，展示各地深厚的历史文化传统、改革开放的巨大成就及开放发展的美好愿景，增加参与性、互动性和趣味性，力求使外国人听得懂、听得进、记得住。同时还邀请驻华使节代表讲述各国与被推介省区市友好交流与务实合作的成果，更易于为外国人接受和理解。为扩大宣传效果，充分利用新媒体进行传播，同时对舆情进行大数据分析，从境内外媒体、境内外网民等四个维度分析推介活动舆情，并根据具体数据不断改进传播方式，增强推介活动的影响力。

外交部省区市推介活动得到了越来越多驻华使节、

---

① 《"外交部吉林全球推介"活动三大剧透先睹为快!》，吉林电视台网站，2017 年 6 月 13 日，http://www.jlntv.cn/folder1201/folder1211/2017-06-13/282831.html。

外国记者和地方的一致欢迎和好评，在服务国内高质量发展，促进地方高水平开放方面取得显著成效。第一，为外交服务国内高质量发展开拓新路径。时任国务委员兼外长的王毅多次指出，中国仍然是一个发展中国家，服务国内发展是中国外交的重要使命。外交部要为国家发展营造更好的外部环境，创造更多的外部资源。外交部的资源和优势是各国驻华使节，他们非常希望了解中国情况。通过推介活动，驻华使节不出北京就能了解中国各地最新的发展情况和前景。省区市领导不出国门就能与各国建立联系。第二，为地方提升开放水平搭建新平台。中国的发展是由各省区市的发展汇集起来的，服务国家发展的一个重要着眼点就是服务各省区市的发展。举办省区市推介活动，促使地方通过筹备推介活动，找到对外合作的重点方向和领域。推介活动为地方挖掘对外交往和国际合作潜力搭建了平台，使各地方尤其是中西部省区市不出国门，也能和世界各国政府、国际著名企业相互对接，找到合作机会和对象。外交部还利用驻外使领馆一线的渠道、信息和人脉优势，为地方开放发展提供全方位的支持与服务。第三，为驻华使节和记者了解中国各地开辟新窗口。中国幅员辽阔，各地发展不平衡，东部地区经济比较发达，对外交往也比较活跃，而中西部地区受经济发展水平和地理条件的制约，对外交往相对受限，外国使节和记者们到中西部地区的机会也相对较少。为配合推介活动，外交部组织了使节团和记者团赴被推介地区考察、采访，为他们创造了解被推介地区实际情况的机会，不少使节在考察中提出与当地合作的具体意向。第四，为讲好中国故事创造新方式。习近平总书记指出，要讲好中国共产党的故事，讲好中国的故事，讲好中国人民的故事，促进中外理解和友谊。习近平总书记在《人民日报》海外版创刊 30 周年的时候做出重要批示指出："用海外乐于接受的方式，易于理解的语言，讲述好中国故事，传播好中国声音。"① 地方故事是"三个故事"的重要组成部分，中国每个地方都有自己的特色和优势，通过推介活动，综合运用视频、图片、现场展演、观众参与、考察访问等多种方式向世界展示真实、立体、全面的中国。更重要的是，用具体生动的各地群众的工作生活来表现各地群众的幸福感和获得感，充分展示

---

① 《习近平就人民日报海外版创刊 30 周年作出重要批示 用海外乐于接受方式易于理解语言 努力做增信释疑凝心聚力桥梁纽带》，《人民日报》2015 年 5 月 22 日，第 1 版。

中国人民在中国共产党的领导下，拼搏奋进，建设美好生活的热情，展示中国特色社会主义的生机与活力。

第二节　地方外事服务国家总体外交

地方外事工作是党和国家对外工作的重要组成部分，是政府贯彻落实中央外交大政方针，实现外交战略的重要载体，在服务国家总体外交大局中发挥重要作用。

一、地方外事以服务国家总体外交为宗旨

在传统的国际关系理论中，民族国家是国际交往的主体，地方政府并不是一个主权行为者，无论是在联邦制国家还是单一制国家中，对外事务都由中央政府负责，但中央政府对外战略的实现，离不开有形的载体和扎实的举措，而地方对外交流与合作是落实中央对外战略的重要载体。因此，中央政府会授权或许可地方政府进行对外交往，各国的地方政府都大量承担中央政府交办的外交外事任务。中华人民共和国成

立之初，为了应对严峻的国内外形势，中央特别强调外交大权在中央，外事无小事，外交事务受到中共中央政治局特别是毛泽东主席的直接领导。很长一段时期内，地方外事工作主要是承办中央交办的外事接待任务，并根据中央的决定处理本地的外事问题。"各级干部在处理任何有关外人的问题时，必须先报军管会主任批准，较大问题并须经市委讨论，请示中央批准后再办。""一切对外政策均由中央直接处理，批准后由外侨处理局执行。"①

党的十一届三中全会后，中国全面对外开放，对外交往急剧增多，外交外事任务日益繁重，中央政府不能像过去那样直接管理所有对外事务，而且，冷战结束后，外交中的低政治议题增多，在经济、文化等领域，各国常面临"在对付一些情况时，国家显得太大"②的困境，而这正是地方政府适合发挥作用的领域。因此，中央政府逐渐下放外事管理权限，地方对外交往发展迅速，各种形式的经贸往来、文化交往和人员往来不断增长，友好城市（省、州）发展迅速，

① 《北京市重要文献选编》（第 1 册），中央档案出版社，2001，第 16、第 80 页。

② Paul Kennedy, *Preparing for the Twenty-first Century* (New York: Vintage Books, 1994) , p. 131.

一些富有地方特色的对外交往活动也纷纷出台，地方外事成为"党和国家对外工作的重要组成部分，对推动对外交往合作、促进地方改革发展具有重要意义"。①

尽管地方外事工作的内涵与外延都发生了很大的变化，但地方外事工作服务国家总体外交的宗旨始终未变。地方政府对外交往的非主权性决定了地方政府的对外交往源于中央政府的授权或许可，尤其在中国，外交大权在党中央，地方对外交往必须在中央的领导之下进行。中央授权或许可地方政府对外交往的一个重要考量是能否实现国家的总体对外政策目标，而且中央政府在授权或许可地方政府从事外事工作的过程也是中央政府根据国家总体外交方针规范和影响地方外事工作的过程，在一定意义上可以说，服务或者从属于国家总体外交是地方外事的内在属性。2024 年 4 月 10—11 日，全国地方外事工作会议在北京举行，中共中央政治局委员、中央外事工作委员会办公室主任王毅出席会议并发表讲话。他表示党的十八大以来地方外事工作配合中国特色大国外交、支持高水平对外

---

① 《习近平主持召开中央外事工作委员会第一次会议 强调加强党中央对外事工作的集中统一领导 努力开创中国特色大国外交新局面》，《人民日报》2018 年 5 月 5 日，第 1 版。

开放、服务地方经济社会发展，取得了丰硕成果，也积累了宝贵经验。新征程上，地方外事工作要深刻领悟"两个确立"的决定性意义，坚决做到"两个维护"，加强统筹协调，发挥地方优势，积极主动作为，严守纪律规矩，以高质量发展开创地方外事工作新局面，为强国建设、民族复兴伟业作出新贡献。①

在实践中，地方政府具有高度的大局意识，注重与国家总体外交保持一致，始终把服务国家总体外交大局作为首要任务，以维护国家利益，保证中央对外战略部署真正落到实处为工作的出发点，不折不扣地贯彻实施中央的对外政策。2019 年 3 月 22 日，北京市委外事工作委员会召开第一次会议。市委书记、市委外事工作委员会主任蔡奇在讲话中指出："北京作为首都，是国家外交和国际交往活动的核心承载地，是向世界展示我国改革开放和现代化建设成就的首要窗口，在服务国家总体外交、塑造和提升国家形象方面发挥着独特作用。我们要坚持以习近平新时代中国特色社会主义思想为指导，深入贯彻习近平外交思想，切实增强'四个意识'、坚定'四个自信'、做到'两个维

---

① 《全国地方外事工作会议在京召开》，《人民日报》2024 年 4 月 12 日，第 2 版。

护'，坚定不移服从服务中央对外工作和国家总体外交大局，全面做好新时代北京对外工作。"① 广西壮族自治区外事办公室网站公布的主要职责中，第一项是"贯彻执行党和国家对外工作方针政策、法律法规"。② 2020 年 2 月，云南省委外事工作委员会第一次会议强调：坚决服从服务中央对外工作大局和国家总体外交，要准确把握新时代中国和世界发展大势，更加主动地服务和融入国家战略，把地方外事工作放到中央对外工作大局中来定位和谋划，积极有为地做好地方外事工作。③

二、地方外事服务国家总体外交的主要方式

全国各级地方外事部门都把服务国家外交战略和总体外交大局作为地方外事的宗旨，实践中，各级地方外事工作也一直在践行这个宗旨，用实际行动诠释了习近平总书记作出的"地方外事工作是党和国家对

---

① 《市委外事工作委员会召开第一次会议》，《北京日报》2019 年 3 月 23 日，第 1 版。

② 《广西壮族自治区外事办公室主要职责》，广西壮族自治区外事办公室网站，http://wsb. gxzf. gov. cn/zwgk_48156/jgzn_48158/znjs_48160/t1704911. shtml。

③ 《云南：主动服务融入国家战略 积极有为做好外事工作》，人民网，2019 年 2 月 21 日，http://yn. people. com. cn/n2/2019/0221/c378439-32663793. html。

外工作的重要组成部分"这一论断。

第一，地方外事工作落实中央重大对外战略。毫无疑问，地方政府是中央实现重大对外战略的重要主体，与其他部门相比，地方外事部门的特殊之处在于接受上级任务的工作量占比较大，很多工作任务直接来自上级部门，自主空间较小。地方外事的首要职责是服务国家总体外交，贯彻落实中央的对外战略。中央在制定对外战略，尤其在签订跨国合作协议、加入全球性或区域多边合作框架时，需要统筹考虑与地方政府的对接。一个国家的某项对外战略推出后，需要地方紧密结合地方实际，利用各自的优势资源将中央重大外交战略落到实处，地方能够为国家对外战略实施提供多重路径的选择。

中华人民共和国成立初期，中央政府实行"一边倒""另起炉灶""打扫干净屋子再请客"的外交政策，地方政府外事部门将清除帝国主义在华势力作为地方外事工作的重要任务。随着国家各项建设事业的开展，苏联、南斯拉夫、匈牙利等国的工程技术专家、文教专家来到中国各大主要城市，开展科技、文化领域的合作，地方政府外事部门的主要职责是服务外国专家，同时还配合国家的援外项目开展对外援助，向一些亚非拉国家和东欧国家派出专家组和医疗队。20世纪80年代，党中央作出了实行改革开放的重大战略决策。地方政府为了实施改革开放政策，采取各种有效措施积极开展对外交往，方式不断多样化，议题和内容也不断拓展，从最初的主要以友好交流为主，发展到包括经贸、科技、教育、卫生、体育等各领域的全方位务实合作。这些合作不仅促进了当地的经济改革和经济发展，而且切实贯彻了中央的改革开放战略，使改革开放取得了举世瞩目的成就。

2013年，习近平主席提出共建"一带一路"倡议，其目标是使包括欧亚大陆在内的世界各国，构建一个互惠互利的利益、命运和责任共同体。2015年4月，国家发改委、外交部、商务部联合发布《推动共建丝绸之路经济带和21世纪海上丝绸之路的愿景与行动》，将中国划分为西北、东北、西南、沿海和港澳台地区及内陆地区等五大区域，并对各个区域参与"一带一路"建设作了具体规划。地方政府积极响应，紧密结合各地实际，充分发挥各地的区位优势和比较优势，聚焦重点区域、重点国别、重点方向，积极融入并主动推进"一带一路"建设。截至2017年11月，30个省区市成立"一带一路"建设工作领导小组，31

个省区市出台"一带一路"倡议对接方案，广西在金融、基建等方面推出一系列政策文件，全方位打造西部陆海新通道；福建提出多条措施，支持"丝路海运"发展；辽宁立足自身区位优势，聚焦东北亚经贸合作，着力打造对外开放新前沿；云南、吉林、内蒙古、新疆等沿边省（自治区），根据自身特点，从跨境贸易、口岸建设、综保区建设等不同方面出台政策，为地方经济发展增添新动力。① 31 个省区市出台"一带一路"地方推进政策，93.6%的省区市与国外相关机构签署了"一带一路"多领域合作协议，近一半的省区市设立"一带一路"相关专项资金。有积极的政策、得当的措施和充足的资金作保障，"一带一路"建设取得成效显著。13 个省区市对沿线国家贸易增速高于全国平均水平，对当地经济增长拉动作用明显；26 个省区市开通沿线国家航班；29 个省区市布局包括国家级边境经济合作区、保税区、出口加工区、保税物流园区在内的涉外园区；各地与沿线国家城市缔结友好城市共 707 对，各地中外合作办学机构和项目共 1 205 个。②

---

① 《纯干货！2019 "一带一路" 政策梳理》，中国一带一路网，https://www.yidaiyilu.gov.cn/xwzx/gnxw/116043.htm。

② 《"一带一路" 省市参与成绩单》，中国一带一路网，https://www.yidaiyilu.gov.cn/xwzx/gnxw/34518.htm。

在各地的积极参与下，从基础设施到民生改善，从贸易往来到文化交流，"一带一路"建设取得丰硕成果。截至2019年7月底，中国政府已与136个国家和30个国际组织签署195份政府间合作协议；与沿线国家贸易额、对沿线国家投资额逐年上升；2018年11月，首届中国国际进口博览会成功举办，共有172个国家、地区和国际组织参加，3 617家企业参展，80多万人进馆洽谈采购，成交总额超过578亿美元。[①]

第二，服务国家重大外交议程。中央政府的重大外交议程往往需要地方政府的配合，主要包括接待来访的外宾，举办重大国际赛事及主场外交活动。

外事接待是地方外事工作的重要内容，也是关系到地方甚至国家尊严的重要政治任务。它可以最直接地向外宾传递善意和友谊，是展示国家形象、促进交流合作的重要途径。外宾来访中国，除与领导人会谈外，往往要参观游览，中央政府根据来访外宾的意愿及实际情况安排地方接待。这种接待任务尤其是国宾接待事关外交全局，影响大，责任重，地方政府都会精心组织，合理安排活动。改革开放后，中国外交大

---

① 《图解："一带一路"倡议六年成绩单》，中国一带一路网，https://www.yidaiyilu.gov.cn/xwzx/gnxw/102792.htm。

发展，逐渐形成了全方位、宽领域、多层次的对外开放格局，来访的外国人逐年增多，地方外事的接待任务也日益繁重。北京作为首都，政治活动的中心，在接待国宾和重要外宾工作中担负着重要的责任。2000年1月至2008年8月，北京接待国宾及副总理级以上重要团组共计1 654批，相当于20世纪80年代与90年代接待量总和的1.5倍。① 2008年8月2日至9月18日北京奥运会、残奥会期间，北京市完成了120批国家级国际贵宾团组的314场次、3 411人次的参观游览接待工作，活动涉及国家大剧院、首都博物馆等近70家市属重点对外参观单位。② 2009年北京市以服务中华人民共和国成立60周年庆典为重点，邀请30个代表团、65位贵宾来京参加庆祝活动，安排在京外国友好人士代表、外资企业高级管理人员代表等82人出席了国庆招待会，安排332位贵宾出席了国庆观礼和联欢晚会，组织181名外籍人士参加了首都国庆群众游行活动。③ 上海作为国际化大都市、金融中心，深圳是

---

① 田勇：《北京市外事工作六十年》，北京市地情资料网，http://www.bjdfz. gov.cn/ShowNewsLevel3. jsp? NewsID＝1548。

② 《外事年鉴——2009年对外交往》，北京市外事办公室网站，2009年，http://www.bjfao. gov. cn/zwgk/wsnj/2009/11204. htm。

③ 《外事年鉴——2010年外事综述》，北京市外事办公室网站，2010年，http://www.bjfao. gov. cn/zwgk/wsnj/index. htm。

改革开放的窗口，它们都是外交部、中联部、全国友协等单位安排高访团组、政党代表团和考察团优先选择的目标。相应地，每年上海、深圳市外办也承担着繁重且高规格的外国政要接待任务。2017 年，深圳市外办接待外国来访团组共 420 批 4417 人次。① 这些高规格的接待工作，有助于外国政要加强对中国的了解和认同，增进他们对中国的感情，为两国关系的发展奠定良好的基础。

举办重大国际体育赛事和主场外交活动是地方政府服务中央外交全局的又一重要方式。体育具有很强的亲和力，能超越语言及意识形态和政治制度的障碍，成为人与人沟通交流的重要渠道。"体育的政治色彩淡，但它的政治功能往往很强。"② 国际大型体育赛事因其具有参与主体多元、受众广泛、传播速度快等特点而成为理想的国际交往平台，在国家对外战略中发挥着不可替代的政治功能。因此，各国都注重通过举办重大国际体育赛事塑造良好国民形象，提升国际影响力，促进友好往来。改革开放后，随着综合国力的

---

① 《2018 外事（港澳）年鉴》，深圳市人民政府外事办公室网站，2019 年 8 月 8 日，http://fao.sz.gov.cn/xxgk/zyxw/201908/t20190808_18129560.htm。
② 伍绍祖：《回顾 1990 年北京亚运会》，《百年潮》2009 年第 10 期。

提升，中国具备了举办大型国际体育赛事的条件，开始注重通过举办国际体育赛事提升国际影响力，而重大国际体育赛事的举办者一定是某个地方政府，而且是某个城市政府。1990 年 9 月 22 日至 10 月 7 日，第 11 届亚运会在北京举行，这是中国第一次举办综合性国际体育大赛。2008 年 8 月 8—24 日，第 29 届夏季奥林匹克运动会在中国举行，中华民族实现了举办奥运会的百年梦想。2008 年奥运会主办城市是北京，上海、天津、沈阳、秦皇岛、青岛为协办城市，香港承办马术项目。204 个参赛国家及地区，共有 60 000 多名运动员、教练员和官员参加。2001 年北京举办了第 21 届世界大学生夏季运动会，2009 年哈尔滨举办了第 24 届世界大学生冬季运动会，2010 年广州举办了第 16 届亚洲运动会，广州市主办，汕尾市、佛山市、东莞市协办。所有举办城市都以勇挑历史重担的使命感和责任感，遵守申办承诺，精心制订筹办工作方案，与国家相关部委、省内有关部门及省内外各城市协调与合作，从申办成功到正式举办期间，不仅有序推进体育场馆及配套设施建设、改造和完善等基础性工作，而且统筹推进城市环境提升、竞赛组织、开闭幕式、安全保卫等各项重点工作，使得每一次体育赛事都成为高水平、特色鲜明的体育盛会，不仅展示了举办城市的自然风采和人文魅力，更展示了中华文化的丰富多彩和中华民族的精神风貌及改革开放取得的成就，增进了各国各地区运动员、民众的相互了解，也让世界上更多的民众了解中国，拓展了中国的国际影响力，提升了中国的国际地位。

主场外交是指一国以本国境内为外交舞台、利用主场优势开展的外交活动，因对东道国具有主场优势而备受各国重视。党的十八大以来，中国成功举办两届"一带一路"国际合作高峰论坛、二十国集团杭州峰会、金砖国家领导人厦门峰会、博鳌亚洲论坛年会、上海合作组织青岛峰会、上海中国国际进口博览会等十多场重大主场外交。通过主场外交，中国充分阐释、有力践行了具有鲜明中国特色的理念，为解决世界各国共同面临的问题提供了中国方案，贡献了中国智慧，同时提升了中国的国际话语权，改善了中国的国际形象，提高了中国的国际地位和国际影响力。2019 年 4 月 25—27 日，39 位外方领导人、150 个国家、92 个国际组织，共计 6 000 多位外宾来到北京，参加第二届"一带一路"国际合作高峰论坛。习近平总书记发表了《高质量共建"一带一路"》的开幕演讲，引起了广泛的共鸣。泰国总理巴育说："习主席在演讲中强调'一带一路'建设要建立在高质量、平等协商的基础上，他还强调要互利共赢，这给各方带来了实实在在的好处。这也是这一倡议打动我的原因。"匈牙利外交与对外经济部部长西雅尔多表示，"一带一路"有效推动自由贸易发展，这符合包括匈牙利在内的所有国家的利益。①

第三，地方政府积极开展对外交往，不断扩大朋友圈，为国家总体外交奠定良好的基础。随着中国改革开放的进一步深入和经济的持续发展，地方政府在全力做好中央交办的重大外交任务的同时，也越来越积极地自主开展对外交往，充分发挥各地的特色，利用自身的优势，推动经济、文化、社会等各层面的对外交流与合作。这些交流与合作在促进地方经济发展和社会进步的同时，也成为国家总体外交的重要组成部分，促进了各国人民间的相互了解与理解，为国家外交的发展营造了良好的氛围，夯实了外交关系的民意基础。

---

① 《高质量共建"一带一路"惠及世界　推动各国经济普惠共赢》，央视网，2019 年 4 月 28 日，http://news.cctv.com/2019/04/28/ARTIKH2sJmeoeTXvvMLENf7K190428.shtml。

中国的地方政府层次多，数量众，对外交流与合作方式也多种多样，有相同的经济合作、人文交流等，也有根据自身特色和区位优势创立的交流与合作方式，在实践中取得了很好的效果。2011年6月，广州市以世界城市和地方政府组织（UCLG）联合主席所在城市的名义倡议设立广州国际城市创新奖，并于12月在意大利佛罗伦萨召开的UCLG世界理事会会议上获得通过。创新奖每两年举行一次评奖活动，奖项面向全球范围内的城市和地方政府，目的在于通过推进城市及地方政府的创新活动，为城市和地方政府在不断发展变化的经济社会背景下实现全面、和谐与可持续发展作出贡献。2012年11月16日，第一届国际城市创新奖颁奖在广州举行。到2018年12月，广州国际城市创新奖已成功举办四届。习近平主席共建"丝绸之路经济带"的战略构想提出后，为促进丝绸之路经济带的旅游业发展，搭建区域合作平台，更重要的是，促进"一带一路"沿线国家的文化交流与融合，西安创办了丝绸之路国际旅游博览会。2014年9月19日，"2014中国西安丝绸之路国际旅游博览会"在西安曲江国际会展中心拉开序幕，共有来自32个国家和地区以及国内24个省区市的旅行商前来参展。2019年3月

29 日，2019 西安丝绸之路国际旅游博览会如期在西安举行，共有 43 个国家和地区的参展商与买家代表，国内 31 个省区市文化和旅游部门的代表、参展商、买家参会。潍坊是世界风筝的发源地，当地制作风筝历史悠久，且工艺精湛，是非物质文化遗产之一。在改革开放之初的 1984 年，经过周密的筹备，潍坊举办了首届潍坊国际风筝会。1989 年第六届潍坊国际风筝会期间，"国际风筝联合会"成立，由美国、日本、英国、意大利等 16 个国家和地区的风筝组织组成，总部设在潍坊。这是第一个由我国发起、组织并把总部设在中国的国际体育组织。到 2020 年，潍坊风筝节已经举办了 37 届。地方政府举办的国际性活动，还包括青岛国际啤酒节、哈尔滨国际冰雪节、平遥国际摄影节，等等。这些国际性活动通过参与者的亲身感受，向世界展示了主办城市的国际形象，通过讲好城市故事、讲好中国故事，成为中国不断扩大的全球朋友圈的有力支撑和不可替代的补充。

缔结国际友好城市（省、州）是地方政府进行对外交往的重要方式。地区政府间缔结友好关系始于城市，现代意义上的国际友城活动始于第一次世界大战后，当时，英国凯里市官员在访问法国普瓦市时看到战争给人民带来的巨大灾难，于是提出两市结好并对普瓦市的重建给予帮助，学界一般将之视为世界上第一对国际友城。国际友城真正兴起是在第二次世界大战后。为了消除战争在法德两国民众间制造的敌对情绪，促进和解，1948年，法、德两国在瑞士朝圣山举行了一次市长特别会议。会议重点讨论了城市间加强友好合作的议题，并一致同意加强城市间的友好合作，将这种关系称为"姐妹城市"，以此推动国家间关系的和睦。此后，姐妹城市活动在全欧洲迅速展开，并从欧洲地区扩展到全世界。

1973年，在周恩来总理的亲切关怀下，天津市与神户市结为友好城市。这是两国间的第一对友好城市，也是中国同外国缔结的第一对友好城市，为中日友好关系的发展作出了贡献。随着中国改革开放的发展，地方政府对外交往增多，缔结友好关系成为地方政府对外交往的重要抓手。建立友好关系有多种形式，不仅可以在城市与城市之间建立，还可在城市与省、州、大区、道、府之间建立，或在城市下辖的区（镇）与城市之间建立。例如，北京市与日本东京都、越南的河内市为友好城市，与澳大利亚的新南威尔士州结为友好市州。截至2018年11月，我国已同136个国家缔结了 2 571 对友好城市（省、州）关系。^① 与世界各国友好城市发展的宗旨与目标一致，这些友好城市（省、州）从民间友好交往切入，通过务实的经济、文化、社会领域等全方位的交流与合作，不断拓展服务国家外交战略的方式和渠道，与中央层面的外交相互配合，增强了中央贯彻其外交战略，实现其外交目标的能力。

三、地方参与抗击新冠肺炎疫情国际合作

2020 年 1 月，新冠肺炎疫情暴发，世界卫生组织的数据显示，到 2020 年 3 月 27 日，新冠肺炎疫情已影响全球 200 个国家和地区。^② 这是第二次世界大战结束以来人类面临的传播速度最快、感染范围最广、防控难度最大的重大突发公共卫生事件，给各国带来了不可估量的损失。病毒不分国籍、疫情没有种族、病毒全球蔓延充分说明，世界各国是休戚与共的命运共同体。面对病毒肆虐，没有一个国家可以独善其身，加

---

① 《中国国际友好城市大会在汉闭幕我国新增 5 对友城 总数增至 2571 对》，湖北省人民政府网站，2018 年 11 月 17 日，http://www.hubei.gov.cn/zwgk/hbyw/hbywqb/201811/t20181117_1489594.shtml。

② 《世卫组织：新冠肺炎疫情已影响全球 200 个国家和地区》，新华网，2020 年 3 月 27 日，http://www.xinhuanet.com/world/2020-03/27/c_1125779334.htm。

强合作是战胜疫情的必由之路。

疫情暴发以来，中国政府展现了大国的责任与道义担当，始终坚持生命至上、人民至上，尊重科学、担当尽责，以实际行动践行人类命运共同体理念，举全国之力，在第一时间采取最全面、最严格、最彻底的防控措施，在较短时间里有效遏制住国内疫情蔓延；同时"积极参与和推动国际合作，发起新中国史上规模最大的紧急人道主义行动，向34个国家派出36支医疗专家组，向150多个国家和国际组织提供抗疫援助"。[①] 在这个过程中，各级地方政府在全力做好自身防疫的同时，积极配合中央政府，以多种方式积极参与全球抗疫行动，有力地支持了有关国家的抗疫工作，充分践行了同舟共济、合作共赢的人类命运共同体理念。

(一) 地方政府向其他国家提供抗疫援助

由于疫情在多国多点同时暴发蔓延，几乎所有国家的医疗物资都准备不足，物资短缺是疫情之初所有国家都面临的难题。地方政府多方统筹资源，迅速启

---

① 《王毅：中国经受住了疫情考验，向世界交上一份中国答卷》，中华人民共和国外交部网站，https://www.fmprc.gov.cn/web/wjbzhd/t1830284.shtml。

动境外应急救援工作。2020 年 3 月，新冠疫情在日本境内呈持续扩散态势，沈阳市政府高度关注日本友城疫情发展情况，决定向日本友城捐赠口罩、防护服等物资，其中，向札幌市捐赠口罩 2.5 万只，向川崎市捐赠防护服 1 000 套。捐赠给札幌市和川崎市的物资箱子上分别写道："玫瑰铃兰花团锦簇，油松丁香叶茂根深""玫瑰杜鹃花团锦簇，油松山茶叶茂根深"和"守望相助，共克时艰"等内容，寄语中巧妙嵌入了沈阳的市花玫瑰和市树油松，札幌的市花铃兰和市树丁香以及川崎的市花杜鹃和市树山茶，意在表示沈阳与札幌、川崎丰硕的交流成果和牢固的合作关系，也体现着双方共渡难关的信心和决心。3 月 8 日，援助物资抵达日本成田机场，中国驻日本大使馆有关人士表示，这是中国地方政府运抵日本的第一批捐赠物资，受到日本各界的广泛关注，日本广播协会（NHK）、《读卖新闻》《朝日新闻》《日经新闻》和北海道电视台（HTB）等日本主流媒体均报道了防疫物资运抵札幌的消息。① 其他地方政府也纷纷通过各种渠道向外国提供援助。据江苏省的统计，截至 2020 年 4 月 29 日，全省

---

① 《沈阳向日本友城捐助防疫物资，日媒：收到了！》，观察者网，2020 年 3 月 12 日，https://m.guancha.cn/internation/2020_03_12_541216.shtml。

共向韩国、日本、意大利、坦桑尼亚、美国、巴西等
36 个国家 142 个友城捐赠总价值逾 3 600 万元人民币
的防护物资，包括口罩 453 万多只、防护服近 2 万套、
医用手套 18 万多双以及大量核酸检测试剂盒、中药香
囊等；捐赠大米、食用油、白糖、棉被等价值 5 万多
元的生活物资以及善款 13 万元；向 33 个国际友城和
友好组织发送慰问信。① 2020 年 3 月 23 日，时任外交
部发言人耿爽在回答记者提问时表示：截至目前，中
国地方政府已经向阿尔及利亚、安哥拉、保加利亚、
法国、德国、伊朗、伊拉克、意大利、日本、老挝、
黎巴嫩、马来西亚、巴基斯坦、秘鲁、韩国、瑞士、
突尼斯、土耳其、美国等 19 个国家的地方政府捐赠了
医疗物资。②

（二）地方政府与世界各国分享抗疫经验，并派出医疗
专家组助力各国抗疫

中国报告疫情较早，在防控疫情、治疗病患等方

---

① 中共江苏省委外事委员会办公室：《在加强抗疫国际合作中贡献"江苏力
量"》，《当代世界》2020 年第 5 期。

② 《2020 年 3 月 23 日外交部发言人耿爽主持例行记者会》，中华人民共和国
外交部网站，2020 年 3 月 23 日，https://www.fmprc.gov.cn/web/fyrbt_673021/
jzhsl_673025/t17598 95.shtml。

面掌握了大量第一手资料，积累了一定的经验。中国政府毫无保留地与世界各国分享防控、治疗经验，尽己所能为各方提供援助。医学科学家及医务工作者及时与各国同行分享最新研究成果、科学数据，并通过视频会议、网络平台及制作英文手册等方式传播防疫理念、防控措施及治疗方法，分享抗疫经验。根据中国人民对外友好协会的统计，截至2020年5月26日，中美友城机制下已举办2场多边视频会议，约16场双边交流会。各地方政府疫情防控部门负责人、一线的医护人员、教育部门、经济部门等多方面的人员均参加了视频会议。通过视频会议，中国不仅分享了抗疫经验，还探讨了疫后复工复产复学等话题，为今后友城间更密切的合作奠定了基础。[1] 江苏省应阿根廷、纳米比亚、波兰、白俄罗斯、意大利、以色列、巴基斯坦、马耳他等十多个国家有关方面的邀请，通过视频连线、邮件交流等方式，及时分享相关科研数据和"实战"经验，帮助他们提升疫情防控能力。[2] 在分享信息的同时，中国地方政府根据中央统一部署，派出

---

[1] 全球化智库：《中美民间合作抗疫过程》，中国网，2020年7月7日，http://www.china.com.cn/opinion/think/2020-07/07/content_76244722.htm。

[2] 中共江苏省委外事委员会办公室：《在加强抗疫国际合作中贡献"江苏力量"》，《当代世界》2020年第5期。

医疗专家组支援疫情严重的国家。2020 年 2 月，伊朗疫情形势恶化，多名高官感染，引发广泛担忧。上海市医疗专家组成的专家组于 29 日抵达德黑兰，支持伊朗抗疫，这是中国因新冠肺炎疫情派出的第一个专家组。2020 年 3 月 13 日，由四川省组织的专家组抵达意大利首都罗马，支援意大利新冠肺炎疫情防控工作，这是中国首次向西方发达国家派出医疗队。3 月 23 日，由 7 名广西医疗专家组成的中国抗疫医疗专家组抵达柬埔寨支援抗击疫情，这是中国向东盟国家派出的第一支医疗组，随机运抵的还有 8.1 万吨中方援助的口罩、防护服等医疗物资。① 2020 年 3 月 29 日，在老挝宣布首例新冠肺炎确诊病例不到 5 天，由云南省感染防控、重症监护、流行病、实验室检测等多个领域的 12 名医护专家组成的抗疫医疗专家组就抵达老挝首都万象，专家组随机携带了医疗救治、防护物资及中西药品等中方捐赠的医疗物资。②

---

① 覃雪花：《大国有担当患难见真情》，《当代广西》2020 年第 8 期。
② 《中国抗疫医疗专家组抵达老挝》，新华网，2020 年 3 月 29 日，http://www.xinhuanet.com/photo/2020-03/29/c_1125784857.htm。

（三）地方政府全力做好在华外国人的防控工作

在华外籍人士的健康与安全，既关系到疫情防控的效果，又关系到中国的国际形象。新冠肺炎疫情暴发后，中央高度重视在华外籍人士的健康和安全，确保外籍人士的健康和安全成为疫情防控的重点工作之一，而这个任务自然地落到各级地方政府上。各级地方政府高度重视，积极做好属地外籍人士的疫情防控工作，按照"中外一致，一视同仁"的原则，将外籍人士纳入统一的防控体系，确保各项防控措施的落实。

各级政府外事办公室制定了详细的防控措施，并有应急预案，向属地所有外籍人士发布倡议书或公开信，解释疫情防控各项措施的必要性，提醒和指导外籍人士加强自我防护，配合落实各项防控措施，公布热线服务电话。同时，各级地方政府及时为在华外籍人士提供疫情信息，每天滚动发布疫情报告以及防控知识、出入境提示等信息。很多地方都将当地外籍人士纳入基层政府和街道社区工作机制，保障其在生活、防疫、治疗等方面的需求，对居住地的外籍人士采取必要的帮扶措施。在物资供给紧张的情况下，北京市、上海市、广东省等政府外事办公室协助驻地部分驻华使领馆购买口罩和消毒用品等，保障在华外籍人士的生活和物资供应，尊重外籍人士文化习俗、生活习惯、宗教信仰等，积极做好情绪安抚和纾解工作。2020年1月30日，湖北省外办就用英、法、日、韩、西、德等六种语言发布《致在鄂外籍人士的一封公开信》，就自我防护、寻求帮助、及时就医等问题给出建议，此后，每天用双语发布疫情通报，还发布了大量关于新冠肺炎的预防、诊断、饮食禁忌等实用信息；山东省外办就疫情防控，通过英、日、韩、俄、德、法等六种语言发布《致在鲁外籍人士的倡议书》；江苏省开设中、英、日、韩等4个语种的"疫情译报"专栏，及时通报疫情信息，省外办和13个设区的市开通多语种24小时咨询服务热线，全天候协调解决外籍人士居留延期、防疫物资采购、出入境、外资企业复工复产等问题。①

地方政府抗击疫情国际合作，得到了世界多数国家的一致称赞，提升了中国的影响力和国际形象。中国向老挝派出医疗专家组，老挝卫生部长本贡·西哈冯感慨地说："在老挝宣布首例新冠肺炎确诊病例不到5天就抵达万象，'中国速度'再次体现出中方对老挝

---

① 中共江苏省委外事委员会办公室：《在加强抗疫国际合作中贡献"江苏力量"》，《当代世界》2020年第5期。

人民的深厚情谊，是老中命运共同体的真切写照。"泰国为泰党战略委员会副主席、前副总理颇钦·蓬拉军指出："全世界人民都将意识到，构建人类命运共同体是实现和平、和谐、繁荣的必要前提。"① 委内瑞拉总统马杜罗表示："由于从发现疫情伊始就借鉴中国经验，采取严格的隔离措施，委内瑞拉成功切断了90%以上的本地病毒传播链条。"委内瑞拉驻华使馆多次表示："与江苏省的合作象征着委内瑞拉同中国兄弟般的友好关系，表明在两国领导人英明领导下，委中双边关系不断向前发展，并造福两国人民。"法国大东部大区主席让·罗特内表示："江苏省在这次疫情期间给予我们的帮助让我尤其感动，这是法中两国人民之间特殊关系的真实写照。"② 南非总统拉马福萨指出："感谢中方长期以来为南非和非洲提供各种支持，特别是在当前困难时刻为南非和非洲国家抗击疫情提供宝贵援助，这对南非和非洲国家非常重要，增加了我们战胜疫情的信心。"比利时国王菲利普感叹："患难见真

---

① 覃雪花：《大国有担当患难见真情》，《当代广西》2020年第8期。
② 中共江苏省委外事委员会办公室：《在加强抗疫国际合作中贡献"江苏力量"》，《当代世界》2020年第5期。

情。中国是比利时真正的朋友。"①

思考题

1. 如何理解国内发展与外交外事的关系？

2. 外交外事如何促进国内发展？

3. 地方外事机构如何服务国家总体外交？

---

① 旷思思：《为打赢疫情防控全球阻击战注入强大信心和力量——国际社会高度评价抗疫国际合作的中国贡献》，《红旗文稿》2020 年第 8 期。

后　记

外事管理是国家行政管理的重要组成部分，是外交学和行政管理学相结合的交叉学科，内涵和外延十分丰富，在国家对外工作中占有重要地位。中国外交干部培训学院在总结多年培训经验的基础上，组织编写"外事干部学习培训教材"，这本《外事管理》是该系列丛书之一。

本书从 2020 年底交稿到现在面世，历经四年，个中曲折一言难尽。在这个过程中，得到了中国外交培训学院、陕西省外办、世界知识出版社等单位的大力支持和帮助。陕西省外办在力所能及的情况下提供了案例，增强了本书的实践性和可读性。世界知识出版社的刘豫徽老师做了大量的工作，从书稿的送审到细致的校对润色，提出了中肯的建议。没有她的坚持，本书不可能顺利出版。在此一并向他们表示衷心的感谢。

　　外事管理是新兴学科，加之外事工作的性质，使得资料和案例都非常缺乏，而我并没有真正从事过外事管理工作，因此，本书只是一个初步的尝试，难免存在各种纰漏。外事管理实践的内容非常丰富，也需要随着时代的发展不断创新和完善。恳请专家和读者批评指正，提出宝贵的意见和建议，以期不断丰富和完善。

王春英

2024 年 12 月 16 日